교육과정,
수업,
평가의
일체화

성취기준에서
학생의 성장에 이르기까지

교육과정,
수업,
평가의
일체화
성취기준에서
학생의 성장에 이르기까지

초판 1쇄 발행 2017년 6월 15일
초판 3쇄 발행 2021년 3월 13일

지은이 리사 카터
옮긴이 박승열·이병희·정재엽·강운학
펴낸이 김승희
펴낸곳 도서출판 살림터

기획 정광일
편집 조현주
북디자인 꼬리별

인쇄·제본 (주)신화프린팅
종이 (주)명동지류

주소 서울시 영등포구 양평로21가길 19 선유도 우림라이온스밸리 1차 B동 512호
전화 02-3141-6553
팩스 02-3141-6555
출판등록 2008년 3월 18일 제313-1990-12호
이메일 gwang80@hanmail.net
블로그 http://blog.naver.com/dkffk1020

ISBN 979-11-5930-040-0 03370

*가격은 뒤표지에 있습니다.
*잘못된 책은 바꾸어 드립니다.

교육과정,
수업,
평가의
일체화

성취기준에서
학생의 성장에 이르기까지

리사 카터 지음
박승열·이병희·정재엽·강운학 옮김

살림터

Derb S. Carter에게 이 책을 바칩니다.
힘, 신념, 그리고 교육의 가치를 가르쳐 준 아버지에게 감사드립니다.

옮긴이 서문

이 책은 리사 카터Lisa Carter가 2007년에 펴낸 『*Total Instructional Alignment: From Standards to Student Success*』(Solution Tree Press)를 우리말로 옮긴 것이다. 이 책은 책의 제목에서 짐작할 수 있듯이 교사가 성취기준을 기반으로 교육과정을 운영하고, 이를 수업에서 실천하여, 궁극적으로 학생이 자신의 학습에서 성공할 수 있도록 교사에게 도움을 주는 안내서이다.

우리나라의 국가 교육과정 문서나 시·도 교육청의 교육과정 지침에는 교육과정, 수업, 평가의 연계성을 확보하라는 문구가 자주 등장한다. 하지만 실제로 학교나 교실 또는 교사 수준에서 어떤 방법으로 이를 실현할 수 있는지 구체적인 절차나 방법은 제시되어 있지 않다.

이 책이 독자들에게 주는 가장 큰 선물은 교육과정, 수업, 평가의 연계성 그리고 더 나아가 일체화를 교실 또는 교사 수준에서 실천할 수 있는 실제적인 방법을 제시해 준다는 점이다. 또한 저자는 교육과정, 수업, 평가의 일체화 과정이 교실 수업 개선은 물론 나아가 학교 혁신에 이르는 지름길이라는 점을 본문 곳곳에서 명확하게 밝히고 있다. 그리고 그것은 궁극적으로 학생의 성장과 발달을 위한 것임을 분명하게 말한다.

교육과정, 수업, 평가의 일체화를 우리의 일상생활에서 비유해 보자. 자동차를 소유해 본 사람은 누구나 일정 기간이 지나면 왼쪽과 오른쪽 바퀴의 균형이 잘 맞지 않아 정비해야겠다는 마음을 한 번쯤 먹게 된다. 그래서 자동차 정비소를 찾아간다. 자동차 정비소를 방문하면 정비 목록 한쪽에서 '휠 얼라인먼트'라고 쓰인 표지를 어렵지 않게 발견할 수 있다. 정비사에게 '휠 얼라인먼트를 해 달라'고 요청한다. 실제로 휠 얼라인먼트를 한 이후에는 타이어가 닳거나 파손되는 정도가 줄고, 자동차의 왼쪽과 오른쪽 바퀴의 균형이 잘 맞아 이전보다 훨씬 부드럽게 운전할 수 있다. 정비사가 차의 구석구석을 자세하게 살펴보면서 자동차의 균형이 유지되도록 해 준 것이다.

자동차 바퀴의 균형이 흐트러졌을 때 균형을 다시 잡는 일은 어렵지 않다. 정비사가 기계 장치를 이용해 조정해 주고 그에 따른 비용을 지불하면 쉽게 해결된다. 굳이 운전자가 휠 얼라인먼트 전문가가 아니더라도 언제든지 마음만 먹으면 다른 전문가의 힘을 빌려 문제점을 해결할 수 있다.

그런데 교육의 상황에서는 어떠한가? 교육과정, 수업, 평가와 같은 교육 활동의 핵심적인 요소들 간의 균형이 흐트러졌을 때는 어떻게 해야 하는가? 심지어 그 문제를 다른 전문가에 맡길 수도 없는 노릇이다. 학교 현장의 교사들, 교육과정과 수업, 그리고 평가 영역의 전문가들의 마음 한구석에는 이 세 가지 요소의 균형을 맞추는 일이 오랫동안 해결되지 않은 채 미제로 남아 있었으리라 추측해 본다. 이 것은 공교육의 역사를 관통하고 있다. 현장의 교사, 교육 전문가 모 두 이 세 요소가 서로 떼려야 뗄 수 없는 관계임을 너무도 잘 알고 있다. 또한 이들 간의 균형을 유지하기 위한 작업이 매우 어렵다는 것을 잘 알고 있다.

번역진이 가장 힘들었던 점은 저자가 사용한 'Alignment'의 적절한 한국어 번역어를 찾는 일이었다. Alignment는 교육학 분야에 도입된 지 얼마 되지 않은 생소한 용어다. 자동차 정비를 하는 경우에는 특 별히 번역된 용어 없이 외래어를 그대로 사용해도 의미만 통하면 큰 어려움 없이 의사소통이 가능하다. 그러나 학술적인 용어로 사용하 고자 했을 때는 사정이 달라진다. 특히 교육과정과 수업의 맥락에서 용어의 본래 의미를 살리면서 가장 적합한 번역어를 찾는 일은 책 전체를 번역하는 것만큼 큰 비중을 차지하였다. 그만큼 Alignment는 이 책의 핵심어임과 동시에 이 책의 가장 핵심적인 아이디어를 포함 하고 있기 때문이다.

번역 작업 초기에 번역진은 Alignment의 번역어로 '일치', '연계', '일관성', '줄 맞추기', '한 줄 세우기', '정렬' 등 어떤 말을 선택해야 할지 깊은 고민을 했다. 어떤 번역어가 가장 적합한지 대학의 교육과 정과 수업 전공 교수, 수업 전문가, 초·중등학교 교사들의 자문을 구 했다. 번역 작업이 진행되는 동안에도 자문이 진행되었지만 일치된 의견을 구하기가 어려웠다. 물론 번역진 모두가 공감했던 것은 선정 된 번역어에는 교육과정 목표 또는 성취기준, 수업, 평가가 서로 균형을 맞추면서 조화롭게 기능한다는 의미가 포함되어 있어야 한다는 점이었다.

앞에서 예로 든 번역어들은 교육과정, 수업, 평가의 교육 활동 절차상의 과정을 드러내는 반면 세 요소가 서로 조화롭게 기능하도록 하는 역동적인 의미가 부각되지 않는다는 문제점이 있었다. 무엇보다 기계적이고 직선적인 의미, 완결된 결과로서의 의미가 너무 강하다는 지적이 있었다. 따라서 번역진은 이 책의 저자가 의도하는 Alignment의 의미를 다음의 네 가지 관점에서 해석해야 할 필요가 있다고 판단했다.

첫째, Alignment에는 교육과정, 수업, 평가가 기계적 배열이나 절차적 작업이 아니라, 때에 따라 이를 포함하되, 본질적으로는 교육과정 구성 요소로서 서로 조화를 이루어 가는 구성적 과정이 강조되어야 한다.

둘째, Alignment에는 교육과정, 수업, 평가의 표면적 일치 또는 연계보다는 이 과정을 조화롭게 운용하려는 교사의 적극적인 역할이 드러나야 한다.

셋째, Alignment에는 교사의 실제 수업 상황을 부각할 수 있는 의미가 포함되어 있어야 한다.

넷째, 무엇보다 Alignment에는 수업이 궁극적으로 학생의 배움을 지향한다는 의미를 함의하고 있어야 한다.

교사가 실제 수업을 진행해야 하는 상황은 이미 교육과정 계획을 통해 성취기준 확인 및 목표 설정이 마무리되어 있는, 말 그대로 출발선상에서 출발 준비를 모두 마친 채 출발하기만을 기다리고 있는 상태이다. 또한 평가의 시기나 방법, 대상도 사전에 이미 계획되어 있다. 이 상황에서 교육과정과 평가는 배경으로 물러나고 수업이 전면으로 등장한다는 의미가 드러나야 한다는 것은 당연한 말일 것이다.

결국 번역진이 고심 끝에 선택한 번역어는 '일체화'이다. 일체화의 '일체一體'는 사전적 의미로 '하나의 같은 몸', '모두 다', '하나의 같은 덩어리'를 의미한다. 그리고 여기에 변화로서의 과정, 구성으로서의 역동성을 강조하기 위해 접미사 '-화化'를 붙였다. 즉 교사가 교육의 과정에서 교육과정, 수업, 평가가 조화로운 한 몸이 되도록 끊임없이 구성적 활동을 추구한다는 의미이다.

논리적으로 생각한다면 교육과정, 수업, 평가가 '한 몸', 즉 일체가 된다는 것은 불가능하다. 교육과정은 교육과정이고, 수업은 수업이며, 평가는 평가이기 때문이다. 교육과정 전문가, 수업 전문가, 평가 전문가가 각각 있으며, 이 전문가들의 학문적 논리는 매우 타당하다. 교육과정, 수업, 평가 영역의 학자들에게 교육과정, 수업, 평가가 일체가 되도록 할 수 있느냐는 질문을 하면 어떤 반응을 보일까? 그들은 십중팔구 각 영역의 학술적 의미를 먼저 밝히라고 하고, 연구 방법과 절차의 객관성을 따지며, 논리적 해석을 요구할 것이다. 즉, 세 가지가 연계되는 것에는 일부분 동의하지만 하나로 일체가 되어 논의되어야 하는 정당성에 쉽게 동의하려 들지 않을 것이다. 교육학자들이 교육의 목적과 가치, 학습자의 성장과 발달, 실제 교실 수업, 교육 현상과 문제들을 학문적 관점에서만 논리적으로 정당화시킬수록,

학교와 교실 수업에서 드러나는 이론과 실제 간의 괴리 현상을 쉽게 해소하지 못할 것이다.

그렇다면 실제 교실 수업 상황에서는 어떠한가? 교사는 교육과정, 수업, 평가 각각의 이미지를 자신의 교육 경험에 비추어 이미 구성하고 있다. 교사는 이들 간의 관계가 얼마나 논리적으로 규명되어 있는가보다는 그것이 실제 교육 또는 교실 수업 상황에서 얼마나 효율적으로 기능하고 있느냐에 더 관심이 많다. 따라서 교사는 교육과정, 수업, 평가의 관계 그리고 이들 간의 기능이 교사의 교실 수업, 학생의 배움과 성장을 위해 얼마나 도움을 주고 있느냐 하는 문제에 더 많은 관심을 보일 것이다.

실제로 교사는 교육과정, 수업, 평가를 일련의 흐름이자 전체, 즉 한 몸으로 인식하고 실천해야 교육의 본질적 의미가 드러날 수 있음을 체감하고 있다. 이때 교육과정은 가르침의 지향점, 가르치고 배우는 내용, 그리고 교육 활동을 위한 계획이 되며, 수업은 학생의 경험이 일어나는 시·공간을 제공하는 것이고, 평가는 교육과정과 수업의 흐름 속에서 교사는 물론 학생의 성장과 발달을 돕기 위한 피드백이 된다. 교사에게 이 세 가지는 일관성과 조화로움을 유지하지 않으면 안 될 대상들이다. 단순한 연계의 차원을 넘어 '한 몸', 즉 '일체'의 상태에 대해 더 공감하는 이유가 된다.

본문에서 저자는 교육과정, 수업, 평가의 일체화를 논의하면서 이를 '총체적 수업 일체화Total Instructional Alignment'라고 표현한다. "총체적 수업 일체화란 가르치는 내용과 가르치는 방법, 그리고 평가하는 내용이 일치하도록 하는 것"이라고 밝히고 있다. 저자에 따르면,

상식적으로 가르치는 것과 평가하는 것은 일치해야 한다. 아무리 정선된 교육과정이라 하더라도 교실 학습 환경에 적합하지 않다면 학생들의 학업성취도를 향상시킬 수 없다. 저자는 교사가 반드시 가르쳐야 할 지식, 개념, 기능에 대해 명료한 이해를 하고 있더라도, 그리고 교사의 교육과정이 평가와 일치되어 있다고 하더라도, 교실에서의 실제 수업이 교과서 중심의 진도 나가기 수업으로 진행된다면 결코 총체적 수업 일체화에 도달할 수 없음을 분명히 밝히고 있다.

이를 위해 저자는 총체적 수업 일체화를 단계적 개념으로 제시한다. 첫째, 시스템의 일체화, 둘째, 성취기준, 교육과정, 평가의 일체화, 셋째, 교실 수업에서의 일체화이다.

첫째, 시스템의 일체화에서 다루는 것은 우리 공교육의 뿌리 깊은 관습을 형성해 왔으나 이제는 혁신해야 할 대상들이다. 학습자의 다양성을 배려하지 않는 전통적인 학습자관, 효율성만 강조하는 공장식 교실 체제, 생물학적 연령에 근거한 학년 배치와 진급 및 진학, 학생의 발달을 고려하지 않는 불연속적 교원 배치, 학년 간 학교 간 수직적 연계성 부족, 학교장의 리더십 변화 등에 대해 문제 제기를 하고 있다.

둘째, 성취기준, 교육과정, 평가의 일체화이다. 여기에서는 성취기준의 포괄성과 모호성을 고려하여 교사가 성취기준, 교육과정, 평가 간의 일치도를 검토하도록 요구한다. 또한 백워드 교육과정 설계를 통해 학생의 학습은 물론 교사의 수업

이 정확하게 어느 지점을 향해 나아가고 있는지 확인할 수
있다고 강조한다.

셋째, 교실 수업에서의 일체화이다. 이를 위한 도구로서 일치도
매트릭스를 제안한다. 일치도 매트릭스를 이용해서 교육과
정 목표와 평가지표를 조직하여 논리적인 학습 체계를 만
드는 일이 선행되어야 함을 강조한다. 이를 위해 교사는 성
취기준 또는 목표를 기반으로 한 수업을 해야 한다. 명확한
학습 목표 설정과 과제 분석은 이러한 과정에 실제적인 도
움을 주고 있음을 밝히고 있다.

이 책을 읽는 독자가 고려해야 할 점이 한 가지 있다. 본문 중에
사용된 교육과정이라는 용어를 읽을 때는 문단의 맥락에 따라 교
육과정의 의미가 다름에 주의를 기울여야 한다. 번역진은 원서의
'curriculum'을 '교육과정'이라고 번역하지 않고 커리큘럼이라고 표기
하고 싶었으나, 가독성을 위해 그대로 '교육과정敎育課程'이라는 번역
어를 사용했다.

주지하듯이 'curriculum'은 매우 다양한 의미를 담고 있는 용어다.
이를 사용하는 사람은 맥락에 따라 다양한 함의를 드러낸다. 그래서
종종 'curriculum' 또는 '교육과정'이 사용된 저서를 읽을 때는 이 용
어가 문맥에서 어떤 의미로 사용되었는지를 추론해야 할 상황이 생
긴다. 저자도 'curriculum'을 문단이나 문장에서 매우 다양한 의미로
사용하고 있다. 예를 들어 본문에서는 교육과정 지침, 교육 계획, 학
교 프로그램, 교사가 가르쳐야 할 내용, 교사 수준 교육과정 등의 의

미가 모두 'curriculum'으로 사용되었다. 우리나라 번역어는 이것을 모두 '교육과정'으로 번역하고 있으므로, 저자와 번역자, 그리고 독자 간 소통의 불편함이 적지 않다.

독자의 이해를 돕기 위해 이 책에서 사용된 'curriculum'의 용례를 분류해 보면 다음과 같다.

첫째, 본문에서 주州 정부나 교육지구가 언급되면서 교육과정 용어가 사용될 경우가 있다. 이때는 상위 기관에서 요구하는 지침이나 문서로서의 교육과정으로 해석해야 한다.

둘째, 성취기준, 교육과정, 평가가 한 문장에 함께 사용된 경우가 있다. 이때는 교사가 성취기준을 반영하여 작성한 교사 수준의 교육과정을 의미하며 가르쳐야 할 교육 내용 또는 필수 학습 내용으로 해석해야 한다.

셋째, 본문 곳곳에 교사가 단독으로 또는 다른 교사와 함께 교육과정을 개발한다는 표현이 사용된 경우가 있다. 이때는 교사가 1년 동안 학생들을 가르치기 위해 문서로 작성한 계획으로 해석해야 한다.

끝으로, 이 책은 우리의 학교와 교사에게 많은 시사점을 주고 있다. 교육과정, 수업, 평가의 일체화는 학교와 교사 모두 늘 그렇게 하기를 추구해 왔지만 쉽게 완성하지 못했고 아마 앞으로도 완성하기가 쉽지 않을 것이라는 고민을 던져 준다. 이 고민은 교육과정을 학문적 탐구의 대상으로 삼는 학자나 학교에서 실천의 대상으로 삼는 교사 모두에게 해당되는 것이다. 이것은 우리가 현재 끊임없이 추구하고 있는 학교 혁신 나아가 교육 혁신을 가장 근본적인 수준에서 해결해 줄 열쇠와도 같은 것이다. 그 열쇠가 너무 작고 평범해서 그것의 소중함과 가치를 간과하는 오류를 늘 반복하고 있을 뿐이다.

또한 저자가 서론에서 밝힌 여덟 가지 신화神話는 우리나라 학교와 교사에게도 큰 울림을 준다. 국가 교육과정이 개정되거나 교육정책이 바뀔 때마다 국가 차원의 교육개혁 정책이 초·중등 교육을 휩쓸었지만 학교와 교실 수업의 변화는 더디기만 하다. 일부 시·도 교육청의 혁신교육 정책은 국가 수준보다 훨씬 강렬하고 체계적이며 현장 중심적으로 시도되고 있지만, 여전히 갈 길은 멀다. 기다려도 교육의 위기는 사라지지 않았으며, 교과서가 여전히 교육과정을 압도하는 상황이 반복되고 있다.

우선, 교사가 교육에 대한 진지한 성찰과 사유를 통해 교육과정을 깊게 이해하는 일이 선행되어야 한다. 그리고 교사의 권위나 교육 내용 전달에 집중하기보다는 학습자 중심의 철학을 반영한 수업을 실천해야 할 것이다. 또한 결과보다는 과정 중심의 평가를 통해 학생의 전인적 성장을 돕는 평가를 해야 할 것이다. 이것은 교육과정, 수업, 평가를 하나의 연속된 교육 활동으로 바라보고자 하는 학교와 교사의 철학이 반영되는 것임을 고려해야 한다.

부디 이 책을 읽는 독자는 전통과 변혁, 절대적인 가치와 상대적인 가치가 공존하는 현대에 교육의 본질에 최대한 근접할 수 있는 방안이 무엇인지 끊임없이 고민하는 탐구자가 되었으면 한다. 가장 일상적인 교실 수업에서 변화와 혁신을 실천하는 연구자가 되었으면 한다.

감사의 말

제가 이 책을 쓰면서 감사드리고 싶은 모든 이의 이름을 이곳에 열거하기에는 공간이 부족합니다. 나의 삶과 일에 중요한 의미를 부여해 준 가족과 친구, 존경받는 전문가와 동료들이 매우 많습니다. 저는 이들에게 영원히 고마워하는 마음을 가질 것입니다.

그러나 저를 위해 엄청난 지원을 해 주었고 개인적 성장과 직업적 성장 모든 측면에서 강력하고 긍정적인 영향을 미친 분들의 이름을 언급하는 특별한 기회를 갖는 것은 중요합니다.

로렌스 레조트Lawrence Lezotte 박사와 루스 레조트Ruth Lezotte 박사는 저에게 끊임없이 영감을 주고 물심양면으로 지원했습니다.

전직 교육감이었던 래리 로웨더Larry Rowedder 박사는 영원한 친구이자 스승이면서 교장이 될 수 있도록 도움을 주었고, 내가 알지 못했던 많은 기회를 접할 수 있도록 이끌어 주었습니다.

교사이자 친구인 토니 모이니핸 맥코이Toni Moynihan-McKoy 는 수업 일체화의 중요성과 일체화가 학생들의 학습에 미치는 영향에 대해 일찍부터 이해할 수 있도록 도와주었습니다.

동료이자 친구인 데니스 먼로Dennis Monroe는 총체적 수업 일체화의 파급력을 설명하기 위해 제가 가는 곳마다 그의 희망적인 수업 사례 이야기를 할 수 있도록 허락해 주었습니다.

오하이오 주 신시내티에 있는 메이어슨Mayerson 인력 개발 아카데미의 교수진과 직원들은 제가 강사, 컨설턴트 그리고 교사로서 배우고 성장하고 발전할 수 있는 기회를 주었습니다.

Learning 24/7의 직원들은 제가 전국의 수천 명의 교사들과 아이디어를 공유할 수 있도록 많은 기회를 주었습니다.

나의 가족인 아버지, 드류Drew, 레베카Rebecca, 얀시Yancey, 더브 Derb, 앤Ann, 그리고 남편인 마이크Mike는 매일 무조건적인 사랑, 지원, 격려를 해 주었습니다.

마지막으로, 총체적 수업 일체화의 기반을 정립하기 위해 매일 힘겹게 노력하는 수천 명의 헌신적인 교사와 장학사들이 없이는 이 책의 집필은 불가능했을 것입니다. 당신들이 진정한 영웅입니다.

추천의 말

어떤 책의 서두에 붙이는 '추천의 말'을 쓰는 사람은 보통 두 가지 목표를 달성해야 한다.

첫째, 독자가 거시적인 맥락에서 큰 문제나 이슈를 염두에 두고 책을 읽도록 방향성을 제시해 주어야 한다.

둘째, 그 책을 읽을 독자들에게 본문의 중요성을 설득할 수 있어야 한다. 즉, 왜 독자가 그 책을 읽어야 하는지를 말해야 한다.

나는 이 책에 대한 추천의 말을 써 달라는 요청을 받고 무척 영광스러웠다. 나는 이 두 가지 목표를 마음에 품고 글을 쓰기 시작했다. 그러나 저자의 원고를 읽고 나서, 나는 딜레마에 직면했다.

이 책은 학교 교육 혁신의 근원적 토대 중 하나인 성취기준, 교육과정, 수업, 평가 간의 일체화를 다룬다. 따라서 이 책이 오늘날 교육개혁의 더 큰 맥락과 어떻게 합치되는지에 관해 이해하려면 약간의 노력이 필요하다. 교육 전문가, 학부모, 일반 시민 그리고 지난 10년 동안 교육계를 지배했던 책무성과 표준화 운동 또는 미국을 휩쓸었던 대대적 교육개혁 입법인 NCLB(No Child Left Behind Act) 정책에 익숙한 사람은 누구든지, 학교에서의 수업 일체화 문제를 논의해야 할 필요성을 절실하게 인식하고 있다. 다행히도, 이 책은 이론보다는 일체화의 핵심적인 작업을 수행할 수 있도록, 명확하고 일관성 있으며 매력적인 과정을 제공한다. 이것은 필수적이지만 까다로운 작업에 대한 실질적인 지침이다.

이 훌륭한 책에서 자세하게 다룬 내용을 감안할 때 나의 딜레마는 무엇인가? 저자는 미국 교육에서 가장 비밀스럽게 묻어 둔 것을 공개적으로 논의한다. 즉, '어린이들은 배운 것을 배우려는 경향이 있다'라는 사실이다. 이것은 딜레마다. 만약 모든 교사와 교장이 이 비밀을 알고 있다면 얼마나 많은 교육 컨설턴트, 교육 자료 개발자 및 보조 서비스 제공 업체가 일자리를 잃거나 파산하게 될지 알 수 없는 노릇이다. 교사와 같은 실천가들이 이 책을 읽지 않고 자신이 옹호하는 일체화 시스템도 구현하지 않는다면, 그들이 그렇게 할수록 아마 나와 같은 교육개혁 전문가에게는 좋은 일이 될 것이다. 하지만 이러한 일체화 과정을 비밀로 유지하는 것이 성인들에게는 유익할 수도 있지만, 학생들에게는 분명히 최선의 이익이 되지 않을 것이다. 어린 학생들이 자신이 배우지도 않은 성취기준에 근거해 시험을 치른다면 학생들은 과연 무엇에 관심을 가질 것인가? 나의 입장에서는, 분명히 그 딜레마는 해결되었다. 부디 모든 교육자와 행정가들이 이 책을 읽고 그 시스템을 구현하기를 바란다.

학교개혁은 현재도 그렇지만 앞으로도 언제나 가장 우선적인 도덕적 여정이 될 것이다. 학교 변화가 단순히 학교 관습의 기계적 조율

행위라고 생각하는 사람들은 그 변화를 체감하지 못할 것이다. 한 명의 아이도 뒤처지지 않고 모든 아이들에게 배움이 일어나도록 하는 것은 우리 민주주의의 핵심 가치다. 모든 어린이들이 배울 수 있는 기회를 갖게 하는 수업 일체화는 우리의 도덕적 여정이 성공할 수 있는 근본이다. 성인들의 과오로 인해 학생들이 배우지 않은 채 시험을 볼 때, 우리는 그 대가를 지불하는 사람이 바로 어린 학생들이라는 사실을 알고 있다. 그리고 그중에서 가장 큰 대가를 지불하는 사람은 가장 큰 도움이 필요한 가장 어려운 처지에 있는 학생이라는 사실도 알고 있다. 학업성취의 원천인 학교가 교육 시스템에 의해 고정되어 유지된다면, 그 학교 교육에 가장 많이 의존하고 있는 학생을 어떤 교육 지도자가 마냥 서서 바라보고만 있을 수 있을까?

'총체적 수업 일체화'는 학교 효과성의 전제 조건이다. 학생은 평가 대상이 되는 교육과정을 이수하고 배울 권리가 있다. 또한 학생에 대한 평가 결과를 향상시키기 위해 학교가 선택한 모든 혁신적 시도는 의도되고, 배우고, 평가된 교육과정 간에 긴밀한 연계성이 있다는 사실을 가정하고 있다.

'총체적 수업 일체화'는 지속 가능한 학교 혁신을 위한 끊임없는 여정의 최우선 과제이다. 만약 교사나 학교 관리자들이 총체적 수업 일체화 과정을 발견한다면, 그러한 사실에 불편함을 느끼는 나와 같은 컨설턴트나 강사들은 모든 학생들에게 배움이 일어나게 하기 위한 도덕적 여정이 가능해지도록 이제 또 다른 학교 지원 방법을 찾아야 할 것이다.

로렌스 W. 레조트Lawrence W. Lezotte

*로렌스 W. 레조트 박사는 저자, 컨설턴트, 교육자, 연구자이며, Effective Schools Products, Ltd.의 창립자이다.

차례

서론

학생낙오방지법No Child Left Behind Act, 이하 NCLB은 교육자들에게 특별한 도전 과제를 제시한다. 모든 학교는 약 1세기 전에 설립되었을 때 맺었던 공교육의 약속, 즉 모두를 위한 교육을 실현해야 한다. 그러나 학교는 모든 학생들이 배워야 할 것들을 배우고, 또 잘 배우도록 하는 일을 진정으로 수행할 수 있을까? 수년 동안 교육자들은 그러한 시스템을 만들기 위해 고군분투했다. 하지만 우리가 아무리 노력해도 매번 학업성취 기준에 도달하지 못하는 학생들, 학습 부진으로 낙오하는 학생들이 있었다. 교육자들이 허둥댈수록 벌어진 교육 시스템의 틈새로 빠져나가는 학생들의 수가 해를 거듭하면서 많아졌고, 이들은 더욱더 뒤처진 상태로 남게 되었다.

　이러한 곤혹스러운 실패로 인해, 학생낙오방지법은 이제 교사가 학생을 가르치는 것은 물론 모든 학생이 학업성취에 도달하고 배움이 일어나도록 할 것을 요구하고 있다. 최근 우리 학교를 휩쓸었던 수많은 혁신의 실패로 인해 대다수의 교장과 교사들은 혁신에 대해 환멸을 느끼게 되었다. 또 다른 변화를 위한 고민은 고통스러울 수 있다. 학교를 개선하고 학생들의 학업성취도를 높이기 위해 고안된 모든 프로그램과 혁신적 노력에도 불구하고 종종 간과되는 한 가지 근본적인 질문이 있다. 바로 '학생들이 배워야 할 것을 제대로 배우고 있는가?'이다.

한 연구 결과에 따르면, 설문 조사에 응답한 교사 중 58% 이상이 주州의 교육과정 성취기준을 가르치는 것에 관해 충분한 안내를 받지 못했다고 응답했다. 그리고 설문 조사에 참여한 교사 중 절반 이상이 주 및 지역교육청 지침이 학생들의 기대 수준을 만족시키지 못한다고 응답했다.New Standards, 2000 교육과정 설계 측면에서 성취기준은 종종 모호하거나 광범위한 용어로 표현되고 있으며, 이 용어를 사용하는 사람마다 개별적이고 다양하게 해석하고 있다. 많은 주에서 학습도달도와 특정 학년 또는 교과 과정 내용의 개발을 통해 구체적인 학업성취 결과의 의미를 세분화하여 정의해 왔음에도 불구하고, 이것 역시 모호하고 반복적이어서 교사들이 다시 개별적이고 주관적인 해석을 하고 있는 실정이다. 결과적으로 매년 수백만 명의 학생들이 자신들이 평가받아야 할 학습 내용을 배웠다는 보장도 없이, 학교의 운명은 물론 자신의 운명을 결정할 시험을 학교에서 치르고 있다.

학생의 관점에서 이 문제를 바라보는 것이 도움이 된다. 내가 교사이고 여러분은 학생이라고 가정해 보자. 나는 개에 관한 중요한 정보를 가르치기 위한 짧은 수업 계획을 세우고자 한다. 나는 래브라도 리트리버 종의 개를 수년간 기르면서 이 개에 대한 지식과 경험이 있기 때문에, 이 특정 종류의 개를 기르는 일을 중심으로 수업 시뮬레이션을 해 보겠다.

개에 관한 수업

여러분 중 몇몇은 이미 래브라도 리트리버를 길러 본 경험이 있을 것이다. 이 개는 사람들이 좋아하는 매우 인기 있는 품종이다. 그런데 만약 이 품종을 길러 보지 않았는데 애완용으로 구입하고 싶어하는 사람이라면, 결정하기 전에 몇 가지를 명심해야 한다.

1. 래브라도 리트리버의 털 색깔은 검정, 노랑, 초콜릿의 세 가지가 있다. 털은 항상 단색이다. 그러므로 당신이 래브라도 리트리버와 아주 비슷하지만 가슴에 흰 반점이 있는 커다란 검은 개를 만난다면, 그것은 순종 래브라도 리트리버가 아니다.
2. 래브라도 리트리버는 처음에는 귀여운 작은 강아지이지만 금방 큰 개로 성장한다. 암컷은 체중이 65~75파운드, 수컷은 75~85파운드이다. 래브라도 리트리버 중 일부는 체중이 100파운드가 넘는 것도 있다! 이 정도 크기라면 작은 말을 소유하는 것과 같다. 당신이 큰 개를 갖는 데 관심이 있다면 여러 가지를 고려해야 한다. 그 개를 키울 만한 공간이 있는가? 함께할 시간이 있는가? 높이가 낮은 커피 테이블에 올려놓을 귀중한 물건이 많이 있는가?

3. 애완견 대회에서 래브라도 리트리버는 스포츠 클래스 부문에 속한다. 이 개들은 활동적인 사냥개의 모든 특징을 가지고 있다. 즉, 탁월한 수영 선수이며, 여유롭게 탐구하고, 예리한 감각을 갖추었고, 힘이 세며, 매우 지적이다. 또한 순종적이다. 이 개들은 주변 환경을 잘 인식하며, 감각이 예민해서 안내견과 불법 마약 탐지견으로서 탁월한 능력을 발휘한다. 또 매우 순종적이기 때문에 애완견 대회에서 복종 반지를 착용한 많은 래브라도 리트리버를 볼 수 있다.

4. 대부분의 래브라도 리트리버는 타고난 기질 자체가 부드럽다. 그들의 본성은 사람들을 기쁘게 해 주는 것이며, 낯을 가리지 않는다. 이 개들은 모든 사람들을 사랑한다! 만약 보호견을 원한다면 래브라도 리트리버가 최선의 선택이 아닐 수도 있다. 집 안에 침입자가 들어왔을 때 래브라도 리트리버가 할 수 있는 것은 기껏해야 그 침입자가 죽을 때까지 핥아 주는 것이다.

개에 관한 테스트

지금까지 개에 관한 수업을 했으므로 이제는 개에 관한 테스트를 치러야 한다. 여러분은 시험을 얼마나 잘 치를 수 있을까?

29쪽의 '개에 관한 테스트'를 해결해 보기 바란다. 자, 몇 가지 질문에는 대답하기가 곤란하지 않은가? 사실 대부분의 사람들이 느끼

개에 관한 테스트

1. 심사자가 조련사에게 요구할 수 있는 애완견 경연 종목 경로 두 가지를 그리시오.

2. 개 심사 과정에서 복종과 유전적 특성을 구별하시오.

3. 검은색 래브라도 리트리버가 노란색 래브라도 리트리버와 짝짓기를 하면 어떤 색 강아지가 태어날까?

4. 참 또는 거짓: 래브라도 리트리버는 노동 계급 개로 간주된다.

5. 심사 진행 과정에서 개가 참여할 수 있는 네 개의 심사 부문 이름을 열거하시오.

6. 래브라도 리트리버 소유주에게는 왜 큰 뒷마당이 필요한가?

7. 래브라도 리트리버는 챔피언이 되기 위해 15점씩을 따야 한다. 주요 경연에서 이 점수를 얼마나 자주 획득해야 하나?

8. 대회 경연 중 '특별'로 입력될 때 그것이 무엇을 의미하는지 설명하시오.

9. 경쟁 타이틀 '최고 품종'은 어떤 의미인가?

10. 좋은 사냥개의 세 가지 특성을 열거하시오.

(응답이 끝나면 47쪽으로 가서 답을 확인하시오)

는 것처럼 여러분은 이 테스트에 오히려 화가 났을 것이다. 개에 관한 수업을 통해 직접 도움받은 정답은 단지 두 가지, 즉 래브라도 리트리버의 애완견 대회 클래스와 사냥개의 특성이었을 것이다. 개의 크기에 대한 토론에서 여섯 번째 질문에 대한 답을 추측했을 것이다. 아마 래브라도 리트리버 또는 애완견 대회에 대한 사전 경험이 있었던 사람은 몇 가지 질문에 정확하게 대답했을 것이다. 아니면 운이 좋았을지도 모른다. 예를 들어, 네 번째 질문에 대해서는 정답을 추측할 기회가 50% 대 50%이다. 만약 개에 관한 테스트에서 합격 점수를 받았다면, 개에 관한 수업을 받았다는 사실에 감사한 마음이 별로 들지 않을 것이다.

여러분은 방금 일체화되지 않은 수업 프로그램에 참여했던 많은 학생들에게 일어난 일을 경험했다. 문제는 평가받고 있는 내용을 배울 수 있었는지 아니면 배우지 못했는지이다. 물론 배울 수 있었다. 문제는 과연 그 내용에서 배움이 일어났느냐이다. 이것은 학생들에게 종종 일어나는 사례이다. 다시 말해 학생들이 평가에서 낮은 수준의 성과를 보이는 것은 무능력하기 때문이 아니다. 모든 학생들은 배울 수 있다. 그리고 그들은 배운 것에 대해서만 배움을 일으킬 수 있다.

내가 진행하는 연수 과정에 참가한 관리자와 교사가 개에 관한 수업과 테스트에 어떻게 반응하는지 관찰하는 일은 흥미롭다. 예상한 바와 같이 그들은 일반적으로 이러한 경험 전체가 얼마나 불공평한지에 대해 불평하고, 그들이 받아 든 실패한 성적표가 자신의 잘못이 아니라고 말한다. 나는 왜 책임지고 가르쳐야 할 것들을 그들에게 가르치지 않았는가? 나는 개에 관한 수업에서 누락된 내용에 대해 불만을 토로하는 연수자들에게 다음과 같이 익숙하게 변명한다. "시간이 없습니다", "작년에 배워야 할 내용이었기 때문에 그것을 가르치는 것이 내 책임이 아니었습니다", 때로는 "교과서나 보조 자료에 그 내용이 없었기 때문입니다"라고 한다. 최악의 경우엔 "내가 그것을 가르치지 않은 이유는 내가 특별히 그것을 좋아하지 않기 때문입니다"라고 한다. 그러나 그 이유가 무엇이든 간에 연수 참가자들은 개에 대한 수업과 테스트 사이에 심각한 단절이 있었음을 즉각 깨닫는다. 그리고 그 단절은 연수 참가자들이 통제할 수 없는 것이다.

몇몇 연수 참가자들은 이 테스트에 문제로 출제되지 않은 개에 관한 수업 내용을 말하고 싶어 한다. 사실 일부 지엽적인 수업 내용이 가장 흥미로울 수 있다는 것도 알고 있다. 어떤 사람들은 내가 수업 내용을 얼마나 잘 가르쳤는지에 대해 말하기도 한다. 한 교사는 "모두 잘못된 정보를 가르쳐 주셨습니다!"라고 말했다. 하지만 그 정보는 잘못된 것이 아니라, 성취도를 측정하기 위해 사용했던 평가 내용과 단지 일치하지 않았던 것뿐이다.

사전 지식의 효과는 누군가의 개 테스트 점수에 비춰 보면 명백하게 드러나곤 한다. 믿건 믿지 않던 간에 누군가는 다른 사람들과 똑같은 수업을 듣고 똑같은 테스트를 치렀음에도 불구하고 완벽한 점수를 받았다. 어떻게 했던 것일까? 그 사람은 오하이오 주 신시내티에서 온 3학년 교사였다. 그녀가 주말에는 미국 커넬 협회Kennel Association 견종 향상 협회-옮긴이 주의 심사위원이기도 하다는 것을 밝힐 때까지 나머지 연수 참가자들은 그녀를 불신하고 있었다. 그녀는 개에 대한 수업이 시작되기 전에 정답을 알고 있었다. 우리는 교실 밖에서 평가에 필요한 정보를 가져오는 학생도 있다는 것을 알고 있다. 이 행운의 학생들은 학교에서 평가하는 것들을 배울 수 있는 근본적인 자료에 접근이 가능한 것이다. 이들은 교사가 수업 시간에 정보를 제시하지 않더라도 좋은 평가 결과를 만들어 낸다.

마지막 좌절의 상황은 연수 참가자의 개에 관한 테스트 점수를 사용하여 이후의 보충 프로그램에 배치할 때 나타난다. 예를 들어, 50점에서 65점 사이의 점수를 받은 사람은 교정 프로그램 대상자이다. 50점 미만은 학습 장애가 의심되어 추가 테스트를 한다고 한다. 완벽한 점수를 얻은 오하이오 출신 3학년 교사가 학업 영재 프로그램에 참여한다고 밝힌다. 이것으로 참가자들의 좌절감은 분노로 변하고 만다. 시험에 대비할 정보를 배울 수 있는 기회가 주어지지 않았을 때, 시험 점수에 근거해 교정 프로그램에 참여시키거나 학습 장애가 있다고 분류되는 것은 대단히 불공평하다고 주장한다. 나는 늘 "왜 안 되나요?"라고 되묻는다. 어쨌든 수년 동안 우리는 특정 커리큘럼에는 적합하지 않은 표준화된 시험 점수를 사용해 학생들을 분류하고 배치해 왔던 것이다.

이 사례가 제시될 때마다 나는 많은 교육자들의 얼굴에서 깨달음이 일어나는 것을 본다. 테크놀로지에서부터 작은 교실 수업, 전문성 발달에서부터 나날이 증가하는 시험에 이르기까지, 우리가 떠안고 추진하고 있는 학교개혁은 수업 일체화 없이는 성공할 수 없다. 교육 책무성의 시대에 우리는 학생들에게 단순히 개 테스트와 같은 시험을 계속해서 제공할 여력이 없다.

일반적인 일체화 신화

나는 전국의 학교 및 교육지구와 협력하면서 교사와 교육행정가의 엄청난 헌신과 열정에 깊은 감탄의 마음을 표현했다. 불일치가 존재하는 경우, 이는 교육자의 노력과 헌신이 부족한 결과는 아니다. 그것은 주로 일체화 과정과 학교개혁의 기본 성격에 대한 이해가 부족하기 때문에 생겨나는 것이다. 나는 수업 일체화에 관해 많은 오해를 경험했다. 이러한 오해는 너무 광범위하게 확산되어 있기 때문에 나는 그것들을 일반적인 일체화 신화神話라고 부른다. 학교와 교육지구가 일체화 과정에 앞장서서 나아갈 경우 이러한 신화는 틀림없이 극복될 것이다.

신화 1: 기다리면 위기는 반드시 사라질 것이다

이 신화는 교육자들이 너무나 많은 학교개혁 운동이 바람처럼 왔다가 사라지는 것을 목격해 왔기 때문에 생겼다. 그러나 교육 책무성에 대한 대중의 요구는 바로 지금 이 시점에 있다. 학교는 학생 평가 결과를 통해 모든 학생들의 학습을 보장하고 그들의 학습을 증명하는 데 점점 더 많은 책임을 지게 될 것이다. 수년 동안 학교는 학생의 학업성취 결과에 대해 거의 책임지지 않았다. 학생의 실패는 학교나 교육지구에 거의 영향을 미치지 않는 것처럼 보였다. 그러나 지난 10년간 대부분의 주에서는 학생들의 학습 성과를 기반으로 책무성 측정 지표가 강하게 반영된 내용기준과 평가기준을 개발해 왔다. 이러한 지표는 주마다 크게 다를 수 있지만 동일한 목적을 위해 설계되었다. 즉, 학교 및 교육지구가 학생의 학업성취도를 높이기 위해 책임을 지는 것이다. 지금 학생낙오방지법은 전국적으로 퍼져 있다. 기다리면 책무성 강화 운동을 비켜 갈 수 있다고 생각하는 교육자들은 위기에 처하게 된다.

신화 2: 우리는 학생들이 엄격한 성취기준을 달성하거나 탁월한 결과를 얻도록 돕기 위해 과거와 동일한 전달 중심 교육을 계속 사용할 수 있다

과거의 전달 중심 교육 방법으로는 우리가 원하는 교육 성과를 얻지 못했다. 이것이 바로 국가가 탁월한 능력을 지닌 학생과 학습 결손이 있는 학생 간의 학업성취 격차를 줄이는 일에 지속적인 관심을 가져야만 할 증거이다. 국가교육통계센터National Center for Educational Statistics에 따르면 읽기와 수학 분야에서 소수 민족 학생들의 평균 점수는 백인 학생들보다 낮다. 소득 격차와 이민 형태를 기준으로 하여 분석할 때도 학생들 사이에 유사한 격차가 존재한다.Jacobson, Olsen, Rice, Sweetland, & Ralph, 2001 낡은 전달 중심 교육 방법은 모든 학생을 교육하도록 설계되지 않은 것이다.

낡은 교육 시스템의 부적합성을 알 수 있는 예를 하나 들자면 이 전달 중심 교육의 시스템에서는 너무 다양한 지식과 기능 수준을 다룬다는 것이다. 우리는 학생들이 각자 다른 속도로 배우며, 학습은 대부분 점진적 과정이라는 것을 알고 있다. 그런데 현재 교육 시스템의 설계 방식은 학습 시간에 대해 '상수常數'를 유지하도록 되어 있다. 즉, 모든 학생들에게 동일한 양의 학습 내용을 배우도록 하기 위해 동일한 시간을 부여한다. 학습 시간이 상수로 유지되면 학습 자체가 변수變數가 된다. 모든 학생들이 학업성취도를 달성하거나 초과해 달성할 수 있다고 진정으로 확신한다면, 학교 시스템은 학습을 상수로 유지하도록 재설계되어야 한다. 즉, 학습 시간은 각 학생의 필요에 따라 달라져야 한다.

신화 3: 수업 일체화는 단순히 "시험을 가르치는 것"이다

이것은 수업 일체화에 관한 가장 일반적인 신화 중 하나이다. "시험을 가르치기teaching the test"와 "시험에 나올 개념을 가르치기teaching to the tested concept" 사이의 차이점에 대해 종종 혼란이 있다. 시험을 가르치는 것은 어떤 시험 문제가 나오는지 그리고 학생들이 그 문제에 대해 어떻게 답해야 하는지를 가르치는 것이다. 이 방법은 학생들에게 학습을 불러일으키지 못하며 매우 정직하지 못하며 심지어 부정행위로 간주될 수 있다. 반면에 시험에 나올 개념을 가르치는 것은 평가할 개념을 이해시키는 것으로, 학생들에게 평가할 개념을 가르치는 것이다. 그러면 어떤 시험 문제가 출제된다 하더라도 학생들은 그 시험 문제를 해결하기 위해 자신이 학습한 개념적 지식을 적용할 수 있다. 학생들에게 평가할 개념을 가르치는 것은 교사의 도덕적, 윤리적 의무이다.

비록 우리가 평가할 개념을 가르치는 것은 타당한 일이지만, 궁극적으로 수업 일체화는 훨씬 더 포괄적이라는 것을 명심해야 한다. 시스템의 일체화, 즉 성취기준, 교육과정, 평가의 일체화를 확보하는 것이다. 그리고 무엇보다 중요한 것은 바로 교실에서의 수업 실천과 연계성을 확보하는 것이다.

신화 4: 성취기준 및 평가는 교사의 창의력을 저해한다

창의성은 일체화 과정에서 여전히 매우 중요한 부분이다. 성취기준과 평가기준은 학생들이 알아야 할 지식과 할 수 있어야 할 기능이 무엇인지 그 한계를 구분 지어 준다. 즉 평가를 통해 학생들이 배운 것이 무엇인지 알 수 있게 되는 것이다. 만약 교사가 학생들이 배워야 할 내용과 그 배운 내용에 대한 평가 방법을 명확하게 이해하고 있다면, 학생에게 중요한 개념을 가르치기 위해 적합한 수업을 개발해야 한다. 교사 각자가 가지고 있는 창의성을 발휘하여 매일 학생들에게 흥미롭고 동기 부여가 왕성한 수업을 할 수 있다. 누구나 창의적인 노력을 발휘해 배움의 영감을 불어넣어 주었던 교사를 기억할 것이다. 창의력은 때로는 학생들에게 배움의 욕망을 불러일으킨다. 학생들에게 배우고자 하는 욕구가 없다면, 아무리 훌륭한 수업이라도 그 의미가 없다. 우리가 가르친다는 사실도 중요하지만, 어떻게 가르치는가 하는 문제도 수업 일체화의 핵심적인 요소로서 중요한 것이다.

신화 5: 교육과정 일체화와 수업 일체화는 동의어다

"교육과정 일체화curriculum alignment"와 "수업 일체화instructional alignment"가 상호 교환적으로 사용되고 있지만 두 용어는 동일한 의미가 아니다. 교육과정 일체화는 운영된 교육과정이 교육지구에서 제시한 성취기준과 평가기준 지침에 일치하는지 확인하는 과정이다.

이 일체화 작업은 일반적으로 교사가 1년 내내 지침으로서 준수해야 하는 교육과정 문서로 표현된다. 불행하게도 가장 훌륭하게 개발된 교육과정 문서라 하더라도 교실의 책꽂이에 머물러 있는 실정이며, 실제 교육 상황에 거의 영향을 미치지 않는다. 따라서 표면적인 교육과정 일체화는 결코 수업 일체화를 보장하지 않는다.

수업 일체화는 교육과정 일체화 이상의 단계이다. 명백한 사실은 교실에서 수업 일체화를 실현하기 위해서는 먼저 문서상의 교육과정 일체화가 선행되어야 한다는 것이다. 그리고 수업 일체화는 교실에서 교사의 실천적 행동이 있어야만 본질적인 의미를 갖는다.

신화 6: 혁신은 그 자체로 학생들의 학업성취를 향상시킬 것이다

매년 학생들의 학업성취도가 향상되었다는 증거를 제시하기 위해 얼마나 많은 시간, 얼마나 많은 예산과 정책적 자원, 그리고 얼마나 많은 사람들의 노력이 혁신에 동원되고 있는지 알고 나면 그저 놀라울 뿐이다. 일체화가 되지 않는다면 혁신 그 자체만으로는 학생의 학업성취도를 향상시키지 못한다. 테크놀로지와 같은 혁신적 방법을 사용해 학생들의 개에 대한 테스트 점수를 향상시키려고 한다면, 모든 학생에게 노트북 컴퓨터를 구입할 수 있는 보조금을 쓸 수 있다. 그런 다음 다른 어떤 것도 바꾸지 않고, 이번에는 노트북을 사용해 흥미진진한 대화식 쌍방향 수업 전략을 구사하며 똑같은 수업으로 학생들을 가르칠 수 있다. 이번에는 컴퓨터에서 똑같은 시험을 실시하면 개에 대한 테스트 점수가 나아질 가능성이 있을까? 당연히 그렇지 않다! 노트북 컴퓨터는 내 수업 내용의 오류를 수정하는 방법을 알지 못한다. 노트북 컴퓨터는 수업에서 매우 중요한 도구지만, 내가 평가하고 있는 내용들을 가르치고 있는 경우에만 효과적일 수 있는 것이다.

신화 7: 나의 교과서가 나의 교육과정이다

이 신화는 여전히 살아남아 아직도 많은 학교와 교실에 널리 퍼져 있다. 성취기준과 평가기준의 도입, 국가수준 학업성취도 평가와 같은 중요한 평가가 시행되면서, 교과서는 교사에게 유용한 자료로 간주될 수 있다. 교과서와 지침으로 제시된 교육과정이 완전히 일치하는 경우는 거의 없다. 그러나 이러한 교과서와 교육과정 간의 일치성 부족에도 불구하고, 많은 교사들이 교실 수업을 위해 여전히 교과서에 크게 의존하고 있다. 내가 몇몇 교사들로부터 들은 바로는 학년 초에 발행된 교과서의 절반 이상이 가르쳐야 하는 성취기준과 학생들의 평가기준에 부합하지 않는 정보로 이루어져 있다. 좋은 교과서가 유용한 도구일 수는 있지만, 지침으로 제시된 교육과정과 일치도가 낮은 부적절한 교과서를 쪽수를 따라가며 가르치는 것은 일체화되지 못한 수업의 확실한 증거이다.

신화 8: 교사에게 성취기준을 제시하면, 교사는 성취기준을 이해할 것이다

교사들은 학생들이 성공적으로 학업성취를 달성하기를 원한다. 대부분의 교사들은 자신이 알고 있는 한도 내에서 최선을 다하고 있다. 나는 3학년 교사 60명에게 강의를 하고 있었다. 우리는 다음 학년도에 사용할 교육과정 개념 지도를 개발하기 시작하면서 주_州 정부에서 제시한 성취기준을 읽었다. 이 교사들은 주 정부 교육과정 지침 문서에서 인상적인 수학과 성취기준을 읽으며 당혹스러움을 감추지 못했다. 토론을 마친 후 나는 마침내 "그 성취기준은 무엇을 의미하며 학생들이 성취기준에 성공적으로 도달했는지 어떻게 알 수 있습니까?"라고 물었다. 그들은 공통적으로 성취기준이 의미하는 바가 무엇인지를 모르겠다는 반응을 보였다. 나는 그들에게 교육과정에서 제시하는 필수 학습 요소를 가르쳐야 할 상황일 때 어떻게 했는가를 물었다. 그들은 한목소리로 "우리는 그것을 건너뜁니다!"라고 대답했다.

교사가 성취기준 기반 프로그램에서 성공하려면 자신의 수업을 일체화하기 위해 공동으로 작업할 수 있는 다양한 수단, 협력적 문제 해결 과정, 충분한 시간이 필요하다. 이 과정에서 모든 학교마다 적절한 전문성 개발, 격려와 지지, 인적 물적 자원, 리더십 등을 활용하는 것이 매우 중요하다.

총체적 수업 일체화의 필요성

앞에서 언급한 신화들은 많은 교육자들의 생각을 부정적으로 감염시킨다. 따라서 수업 일체화를 적절하게 정의하고, 그 중요성을 검토하며, 책무성의 시대에 교육자가 기대하는 교육개혁에 대한 가장 큰 희망을 제공하는 모델을 학교가 구현할 수 있도록 도움을 주는 자료가 절실히 필요하다.

이 책의 목적은 총체적 수업 일체화(Total Instructional Alignment, TIA라고도 함)라는 과정을 포괄적으로 살펴보고 그 과정이 학생의 학업성취에 미치는 영향을 제시하는 것이다. 한 명의 학생이라도 뒤처지지 않게 하려면, 모든 학교가 성취기준, 평가기준, 평가의 관계를 일체화해야 할 뿐만 아니라, 학생 한 명 한 명의 학습 요구에 부합하는 수업을 제공할 수 있도록 수업을 설계해야 한다. 나는 이 과정을 총체적 수업 일체화라고 말한다. 왜냐하면 이것은 단지 시험 보는 것을 가르치는 행위 이상을 의미하기 때문이다. 총체적 수업 일체화는 우리 학생들을 위해 설계한 교육 프로그램의 모든 측면에 영향을 미친다.

이 책에 대하여

이 책은 일반적인 아이디어에서 구체적인 실제로 옮겨 가는 데 도움을 줄 것이다. 1장은 총체적 수업 일체화TIA를 이해하기 위한 개념적 틀을 제시한다. 이 개념적 틀은 TIA의 세 가지 광범위한 측면에 중점을 두고 있다. 즉, 시스템의 일체화, 성취기준, 교육과정, 평가의 일체화, 그리고 교실 수업 실천과의 일체화이다.

2장은 시스템 일체화에 중점을 두고 있는데, 이는 TIA 진행 과정 측면에서 매우 중요하지만 종종 간과되곤 한다. 의심할 바 없이 공립

학교의 새로운 미션(그 미션은 모든 학생들이 엄격하게 설정된 학습 성과 기준에 도달하거나 그 이상의 성과를 보이도록 하는 것인데)은 학교를 재구조화하여 학생 한 명 한 명의 학습 요구를 충족시키지 못한다면 결코 달성되지 못할 것이다. 1세기 전에 만들어진 오래된 교육 시스템은 모든 학생들의 학습 요구를 충족시키도록 설계되어 있지 않았다. 이 장에서는 모든 학생들이 배울 수 있도록 교육 시스템을 재설계할 때 필요한 수직적 및 수평적 학교 구조와 유연한 팀 중심 실천 조직을 비롯해 정책과 관행, 리더십의 역할에 대해 검토한다.

일체화 과정에서 중요한 단계는 모든 교사가 학생들의 학습 기대치를 명확히 이해하게 하는 것이다. 그러므로 3장에서는 성취기준, 평가기준, 교육과정, 평가를 일치시키는 방법을 모색하여 교사들에게 명확하고 구체적으로 제시한다. 이 장에서는 교사가 가르쳐야 할 내용을 다룬다. 3장에서는 교사가 가르치고 평가해야 할 모든 것을 수집하고 검토할 수 있도록 도와주는 첫 번째로 중요한 일체화 도구인 일치도 매트릭스를 소개할 것이다.

4장은 교실에서의 수업 일체화에 중점을 두고 있다. 교육과정이 교실에서 실행되지 않을 경우 그 교육과정이 기존의 성취기준, 평가기준, 평가와 일치하는지의 문제는 중요하지 않게 된다. 이 장에서는 두 번째로 중요한 일체화 도구인 교실에서의 성취기준 기반 또는 목표 중심 수업을 소개한다. 성취기준 기반 프로그램에서 수업 일체화를 실천하기 위해 교사는 높은 수준의 사고를 다루는 목표를 포함하면서 탁월하고 명료한 행동 목표의 형태로 학습 목표를 개발해야 한다. 또한 다른 중요한 일체화 도구인 과제 분석을 통해, 교사는 광범위한 학습 기대치를 설정하고 그것들을 세분화하여 목표를 달성하는 데 필요한 구체적인 필수 학습 요소를 만들 수 있을 것이다.

5장은 일체화 과정에서 진행 중인 평가의 역할에 대해 설명한다. 학생들이 교사가 가르치는 것들을 얼마나 잘 배우고 있는지 어떻게 알 수 있을까? 평가의 목적은 교육 프로그램의 조정을 위해 사용될 수 있는 학생의 성장과 발달에 대한 정보를 얻는 것이어야 한다. 이 것은 교실에서 학생들의 지식과 기능의 숙달을 위한 기준을 세우고 적절한 평가 방법을 수립함으로써만 가능한 일이다. 학생들의 학습 을 평가하는 방법은 여러 가지가 있기 때문에, 이 장에서는 여러 평가 도구의 목적과 사용에 초점을 맞춘다. 또한 학사 일정 동안 교사 에게 학생의 성장과 발달에 대한 구체적이고 즉각적인 피드백을 제공 하도록 평가지표 중심 평가의 중요성을 모색할 것이다. 그리고 학생 들이 교육 프로그램의 필수 영역으로 되어 있는 표준화된 시험을 준 비할 수 있도록 도움을 주는 내용이 포함되어 있다.

6장에서는 지속 가능한 교육개혁을 언급하며 이 책의 내용을 마 무리한다. 교육자들은 때로 학교개혁을 '작년에 있었던 새로운 것', '올해의 새로운 것', 또는 '내년에 있을 새로운 것'으로 간주한다. 그 결과, 교사와 관리자는 학교 개선 사업을 시작하기도 전에 벌써 시 작 단계에서 환멸감을 갖게 된다. 이러한 태도는 자기 충족적 예언이 될 수 있다. 학교개혁의 이름으로 발생하는 수많은 변화는 종종 피 상적이고 일시적인 일이 되고 마는 결과를 초래한다. 총체적 수업 일 체화는 또 다른 이름의 일시적인 교육 유행이 아니다. 이것은 효과적 인 교육 프로그램을 위한 중요한 요소이다. 6장에서는 의미 있는 학교 교육의 변화를 일으키는 데 필수적인 요인들을 살펴보고, 총체적 수업 일체화 과정을 발생시키고 지속적으로 유지하기 위한 방안들을 검토한다.

데니스 먼로 이야기

교실에서 일어난 총체적 수업 일체화의 중요성을 이해하기 위해서는 특별한 경험 하나가 도움을 줄 것이다. 데니스 먼로는 내가 함께 일해 본 사람 중에서 누구보다 뛰어난 능력을 가진 교사 중 한 사람이었다. 당시 데니스가 보여 준 리더십은 후일 중학교 교감이 되기에 충분했으며, 현재 그는 교장으로 재직하고 있다. 처음 데니스를 만났을 때, 그는 내가 교장으로 근무했던 학교의 6학년 교사로 과학 및 보건 교과를 맡고 있었다. 나는 그 학교에 부임하기 전에 이미 데니스에 대한 이야기를 들었다. 내가 듣기로 그는 키가 약 195센티미터였으며, 큰 키 때문에 초등학교에서 눈에 띄지 않을 수 없었다. 그는 동기가 충만한 사람이었다. 학생들과 학부모들도 그를 좋아했다. 동료 교사들도 그를 존경했고, 그를 좋아했다.

새 학년이 시작되고 2주째 교실을 방문하고 나서, 나는 뛰어난 교사들을 위해 새로운 리더 교사를 성장시킬 수 있는 좋은 기회가 왔다는 것을 깨달았다. 나는 수업을 준비하는 교사들을 관찰했다. 그들은 일찍 출근하고 학교에 늦게까지 머물렀다. 전반적으로 그들은 자신이 지도하는 학생들과 좋은 래포를 형성하고 있었고, 교실 관리에서 몇 가지 사소한 문제가 있을 뿐이었다. 그러나 나를 곤란하게 만드는 문제가 있었다. 교사들이 자신의 수업을 전적으로 교과서에 의존하는 것이었다.

이전의 경험에서 나는 우리 학교 교육지구에서 사용되는 교과서가 새롭게 설정된 성취기준 및 학생 평가기준과 연계성이 적다는 것을 알고 있었다. 교실 수업이 교과서 한 장 한 장을 가르치는 대로 진행된다면 학생들은 배우지 않은 내용을 평가받을 가능성이 매우 높다. 이런 일이 발생하지 않게 하려는 시도로, 나는 다음 직원회의에서 교사들에게 수학, 과학, 사회과학, 언어 및 소통 교과의 핵심 영역이 포함된 연간 교육과정 개요를 작성하도록 빈칸으로 된 서식을 주었다.

이튿날 아침 데니스는 내 책상에 그의 과학과 교육과정 개요서를 제출했다. 나는 그의 빠른 일처리에 놀랐는데, 개요서를 확인하고 나서야 그가 어떻게 빨리 작성할 수 있었는지 알 수 있었다. 첫째 주 학습 목표는 "교과서의 내용 및 구성 안내"였다. 둘째 주 학습 목표는 학생들이 "1장 행성과 지구 읽기"였다. 셋째 주의 학습 목표는 "1장 복습, 학습 내용 안내 및 퀴즈"였다. 이후의 교육과정 개요서도 이런 방식이었으며, 36주에는 "기말 시험, 교과서 수합"이었다.

나는 데니스에게 노스캐롤라이나 주 성취기준과 연말에 치르는 6학년 과학 시험에 부합하는 과학 교과서의 분량이 어느 정도인지를 물었다. 그는 "저도 모릅니다. 하지만 많을 겁니다"라고 했다. 그는 학생들의 과학 시험 점수가 대략 주 평균 이상인 53퍼센트 주위에 분포할 것으로 예상된다고 말했다. 불우하고 가난한 학생들이 많은 데다 이동인구 비율도 매우 높은 상태임을 고려하면 이 점수는 꽤 높은 점수였다고 생각했을 것이다. 그러나 과학 교과서의 내용이 노스 캐롤라이나 주 성취기준과 어느 정도나 일치할까? 데니스는 모르고 있었다. 그러나 그는 곧 알게 될 것이었다.

데니스는 모험을 감내하며 일주일을 보냈다. 그는 성취기준, 평가기준, 평가도구, 그리고 교과서를 거실 바닥에 펼쳐 놓았다. 그는 교육과정과 시험 문항을 교과서와 비교해 보고 난 후, 자신이 발견한 것을 믿을 수 없었다. 과학 교과서 18개 장 중 5개 장에 포함된 내용만이 그가 가르치고 평가했던 내용과 일치했던 것이다. 이 사실을 발견한 이후 데니스는 극적으로 변화된 새로운 과학과 교육과정 계획을 재구성하게 되었다. 그의 과학 교과서는 5개 장 내용만 수업에 사용할 수 있었으므로, 그 교과서는 대부분 책꽂이에 꽂혀 있게 되었다. 그의 연간 교육과정 계획은 기존의 주 성취기준과 평가기준에 부합하도록 학습 목적과 목표를 반영해 재조정해야 했다. 데니스는 교과서에 차례대로 제시된 내용 대신에 성취기준과 부합하는 학습 단원과 평가를 개발하고, 새로운 단원을 보강할 수 있는 학습 자료를 수집하는 데 많은 시간을 들였다.

데니스는 자신이 가르치고 싶고 평가하고 싶은 내용으로 수업하게 되었다. 동시에 그는 학생들에게 학습 동기를 부여하고 우수한 교육을 제공하기 위해 지속적으로 노력했다. 우리가 이 사실을 알기 전, 그때는 봄이었고 큰 시험이 예정되어 있었다. 몇 주 후 치른 시험에서, 우리 6학년 학생들의 점수는 평균 85퍼센트에 분포했다. 이러한 학력 향상은 성취기준과 가르치는 내용 간의 일체화를 통해 일어난 것이었다.

　당신의 학교에서도 이런 일이 일어날 수 있을까? 대부분의 교사들은 할 수 있다고 말한다. 뛰어난 교사의 지도에 따라, 학생들은 자신이 배운 것을 배우는 경향을 갖게 된다. 학생들의 학업성취도를 높이기 위한 탁월한 조합은 뛰어난 교사가 학생들에게 성취기준과 일치된 교육 내용을 가르치는 것이다.

　다음 장에서는 총체적 수업 일체화에 대한 심도 있는 이해를 제공하기 위한 포괄적인 개념적 틀을 제공한다. 이 책을 읽는 독자는 총체적 수업 일체화 과정이 단순히 시험으로 테스트하고자 하는 내용을 가르치는 일보다 훨씬 더 복잡하다는 사실을 알게 될 것이다. 하지만 평가 결과에서 학생들은 향상된 학업성취도 결과를 얻을 것이다. 그러므로 힘겹게 노력해 볼 가치가 있다.

개에 관한 테스트 정답

1. 선택할 수 있는 네 가지 유형이 있다.
   A. ☐ B. ▷
   C. ━┐ D. ←———→

2. 복종은 개들의 행동 방식과 관련이 있음. 유전적 특성은 생김새나 신체적 특성과 관련이 있음.

3. 검은색, 노란색, 초콜릿 색.

4. 거짓.

5. 강아지 부문, 공개 부문, 경연 참가자 부문, 미국 사육종 부문.

6. 래브라도 리트리버는 큰 개이므로, 운동하고 뛰어놀 넓은 공간이 필요함.

7. 주요 경연에서 2점을 획득해야 함.

8. 그 개는 이미 우승을 차지한 경력이 있음.

9. 그 개는 애완견 경연대회에서 그 품종의 가장 대표적인 개로 판단됨. 최고 품종으로 결정된 후, 다른 품종과 계속 경쟁하여 경연대회 최고 품종 경연 심사를 거침.

10. 예민한 감각, 순종, 지능, 인내심, 지구력과 같은 특성.

1장

총체적 수업 일체화란
무엇인가?

의료 문제를 논의하는 두 의사의 대화 내용을 들어 본 적이 있는가? 우리에게는 매우 낯선 용어지만, 그들은 분명 서로의 대화를 이해하며 매우 자유롭게 의사소통을 할 수 있다. 전문직 종사자들 대부분은 이처럼 자신들의 분야와 관련된 개념에 대해 서로 소통할 수 있도록 훈련받은 자기들만의 공통된 언어를 사용한다. 그런데 교육자들은 이런 전문적 언어 개발 측면에서 매우 제한적이다. 어떤 이유에서인지 모르겠으나 교육자들은 교육과 관련한 전문적인 용어 개발에 관심이 없는 것 같다. 대체로 한 가지 생각을 드러내는 데에는 여섯 개 정도의 낱말이 사용되며, 핵심 낱말 하나가 관련성이 거의 없는 수많은 다른 개념에 적용되어 핵심 개념어로 사용되기도 한다.

　"일체화"는 교육 분야의 전문 용어로 등장한 용어 중 하나지만, 명확한 개념 정의에 대한 합의가 아직 폭넓게 이루어지지 않은 상태이다. 학교장과 교사를 대상으로 한 연수 프로그램 운영 도중에 나는 종종 소집단을 만들어 "수업 일체화"라는 용어의 일반적 정의를 만들어 보기를 요구한다. 처음에는 모두 수업 일체화라는 용어가 익숙하다고 주장하지만, 소집단 내 협의 과정에서 합의된 개념에 이르기까지 많은 진통을 겪는다. 동일한 개념 정의에 성공한 팀은 지금까지 두 팀뿐이었다. 그들이 정의한 개념은 대부분 일체화 과정의 의미 일부분을 개념화하고 있으나, 여기에는 무엇이 일체화인지 그리고 어떻게 일체화가 기능하는지에 대한 공통적인 이해가 명료하게 드러나 있지 않다.

교육 분야의 공통 언어를 개발하는 일에는 힘이 많이 든다. 일단 공통 언어가 개발되면 그 용어로 인해 구성원 간 의사소통이 명료해지고, 중요한 교육 문제에 대해 깊은 공감을 할 수 있다. 학생의 성장과 학업성취 향상을 위한 중요한 교육의 과정으로서 총체적 수업 일체화 토론을 준비할 때, 수업 일체화의 의미가 무엇인지, 그리고 학교와 교실 수업에서 그것이 어떤 모습인지에 대한 공통된 이해 수준을 확립한 후 시작하는 것이 중요하다.

일체화 vs 시험 가르치기

총체적 수업 일체화가 무엇인지 정의하기 전에, 먼저 '시험 가르치기'가 아닌 것이 무엇인지 밝힐 필요가 있다. "수업 일체화"라는 말을 들을 때, 교사들은 여전히 학생들에게 시험 잘 보는 법을 가르쳐서 시험 점수를 높이라는 의미로 생각한다. 시험 가르치기는 어떤 문제가 시험에 나오는지 알려 주고 점수를 올리기 위해 학생들에게 답을 알려 주는 것이다. 불행하게도 우리는 이러한 일이 학교에서 일어나고 있다는 이야기를 종종 듣는다. 교사나 학생을 막론하고 표준화된 학업성취도 평가가 동반하는 압박감은 높다. 그러나 시험에 나오는 문제와 정답을 가르치는 행위는 학생들 입장에서 볼 때 매우 불공평할 뿐만 아니라 정직하지 못한 일이며, 교사 자격증을 획득하고자 하는 교육자들에게 매우 많은 대가를 치르게 할 수도 있다.

사실 오늘날 우리는 표준화된 학업성취도 평가기준의 모든 것을 "가르칠" 수 없으며, 그렇게 하려고 시도하는 것은 재앙으로 이어질 수 있다. 수년 전 내가 1학년 학생들을 가르치고 있을 때, 우리 교육지구는 학생들의 성취도를 평가하기 위해 캘리포니아 학업성취도 평가지를 사용하기로 결정한 적이 있다. 그것은 나의 1학년 학생들이 처음 경험한 표준화된 시험이었다. 여러분이 상상할 수 있듯이, 그것은 매우 흥미로운 경험이었다. 여섯 살 어린이들은 시간에 대한 개념이 거의 없었고, 내가 50분 동안 시험을 본다고 말하자 그들은 멍하니 나를 쳐다보았다. 그다음에 나는 몇 분 동안 시험을 치르기 위해 미리 지급받은 깎은 연필 두 자루를 모두 사용할 수밖에 없다는 사실을 학생들에게 설명했다. 그리고 시험이 진행되는 도중에 시험지에 있는 질문을 학생들에게 읽어 주어야 했다. 왜냐하면 그 어린이들은 글을 읽을 수 없었기 때문이다.

나는 지금도 그때 읽은 첫 번째 문항의 문제를 생생하게 기억하고 있다. "아래 그림을 보세요. 종이 클립을 찾아보세요. 종이 클립 아래에 있는 원 안에 색칠하세요." 교실 안을 이리저리 걸으면서 내 마음은 배가 침몰하듯 가라앉았다. 1년 내내 단 한 번도 학생들과 종이 클립을 이용한 수업을 한 적이 없었다. 말할 필요도 없이 종이 클립이 없는 원에 색칠하는 학생들도 있었다.

다음 해 내가 맡은 학급의 학생은 물론 교육지구 내에 있는 학생들 중 종이 클립을 모르는 학생이 없었다. 사실 그들 대부분은 학교에 등교한 첫날부터 종이 클립에 대해 알게 되었다. 나는 실제로 종이 클립 모양의 귀걸이를 한 채 출근하는 1학년 교사를 보았다. 그해봄 시험 기간이 다시 돌아왔을 때, 나는 학생들이 시험 볼 준비가충분히 되어 있다고 생각했고 매우 흥분해 있었다. 시험 당일 나는학생들에게 시험지 첫 번째 페이지를 펼쳐 놓으라고 했다. 나는 첫번째 문항을 읽고 작년과 똑같이 가슴이 무너졌던 그때의 감정을 똑똑하게 기억한다. "아래 그림을 보세요. 스테이플러를 찾아보세요. 스테이플러 아래에 있는 원 안에 색칠하세요." 학생들은 미친 듯이 종이 클립을 찾고 있었다. 나는 머리끝까지 화가 났다!

그런데 왜 시험이 달라졌을까? 실제로 시험이 달라진 것이 아니었다. 단지 시험지 문항의 질문이 달라진 것뿐이었다. 우리는 시험지 문항의 질문이 해마다 달라진다는 것을 알고 있다. 시험을 통해평가하는 개념은 동일한 것이다. 두 번째 해 시험이 끝난 후, 캘리포니아 학업성취도 평가지에 있는 개념들을 검토해 보았다. 평가지 안내 책자 어디에도 1학년 학생들은 종이 클립을 인식할 수 있어야 한다고 명시되어 있지 않았다. 평가 문항에 함의된 개념은 1학년 학생들은 교실에 있는 일반적인 사물을 인식할 수 있어야 한다는 것이었다. 개별적 사물로서 종이 클립을 가르치는 행위는 실제 사물의 의미를 제대로 가르치지 않는 것이며, 알아야 할 필요가 있는 개념을 학생들이 학습하지 못하도록 하는 것이었다. 평가 문항에 함의된 개념을 가르치려면, 우리는 1년 내내 쉬지 않고 교실에 있는 평범한 사물들에 학생들을 최대한 노출시켜야 할 것이다. 이후에는 시험 문항에 교실에 있는 어떤 사물 이름이 나오더라도 그 개념에 대한 지식을 적용하여 답을 찾아낼 것이다. 우리는 평가 문항의 질문이 해마다 달라질 것임을 알고 있다. 그것은 당연하다. 그러나 평가 문항이 함의하는 개념은 대부분 항상 일정하다. 한 해에 종이 클립이 출제되었다면, 다음 해에는 스테이플러, 그다음 해에는 막대기가 출제될 것이다. 평가 문항에 함의된 개념을 가르친다면 학생들은 훨씬 더 성공적으로 답을 찾을 수 있을 것이다.

평가 문항에 함의된 개념을 가르치는 것은 교사의 도덕적, 윤리적 의무이다. 왜 그럴까? 한마디로 학생들이 배우지 않은 내용에 대해 평가한다는 것은 공정하지 않다. 게다가 대부분의 준거지향 평가는 설정된 성취기준 및 평가기준과 관련지어 학생들의 학업성취도를 측정하도록 명확하게 설계되어 있다. 우리가 평가 문항에 함의된 개념을 가르치지 않을 경우 성취기준 및 평가기준에 따라 학생들을 지도하고 있지 않다는 의미가 되는 것이다.

총체적 수업 일체화는 결코 시험 보는 법을 가르치는 것이 아니다. 총체적 수업 일체화가 단순히 시험 보는 법을 가르치는 것이 아니라면, 그럼 무엇인가? 총체적 수업 일체화는 가르치는 내용과 가르치는 방법, 그리고 평가하는 내용이 일치하도록 하는 것을 의미한다.

상식적으로 생각해도 가르치는 것과 평가하는 것은 일치해야 한다. 수업 과정에서 가르치는 방법이 학생의 학습과 일치하는 것도 동일하게 중요하다. 일체화를 시도하는 과정에서 실패하는 때가 바로 이 지점이다. 아무리 정선된 교육과정이라 하더라도 교실 학습 환경에 적합하지 않다면 학생들의 성취도를 향상시킬 수 없다. 반드시 가르쳐야 할 지식, 개념, 기능에 대해 교사가 명료한 이해를 하고 있더라도, 그리고 교사의 교육과정이 평가와 일치되어 있더라도, 교실에서의 실제 수업이 교과서 중심의 진도 나가기 수업으로 진행된다면 결코 총체적 수업 일체화에 도달할 수 없다.

다음의 세 가지 상관성 높은 실천 단계들에서 총체적 수업 일체화를 생각해 보면 도움이 될 것이다. 이 세 단계는 일체화의 전체 과정에 대한 개념적 틀을 형성하는 데 도움이 될 것이다.

1. 시스템의 일체화
2. 성취기준, 교육과정, 평가의 일체화
3. 교실 수업에서의 일체화

시스템의 일체화

총체적 수업 일체화의 첫 번째 단계는 시스템의 일체화 또는 시스템적 일체화이다. 이 측면에서의 일체화 과정은 매우 중요함에도 불구하고 크게 주목받지 못하고 있다. 아마 몇몇 시스템적 문제는 너무 복잡해서 해결하지 못했고, 그 외 더 많은 문제들은 100년 동안 교육계에 뿌리 깊이 박혀 해결되지 못했기 때문일 것이다. 시스템 사고

연구의 선구자 에드워즈 데밍은 우리가 맞닥뜨린 문제점들의 대부분은 그 문제점을 해결하는 사람들에게 있는 것이 아니라 사람들이 일하고 있는 시스템 내부에 있다고 주장했다.^{Deming, 1982} 이 말은 교육 분야에서도 매우 타당하다. 더 큰 규모의 교육 시스템 변화가 일어나서 교육과정과 교실의 변화를 이끌어 주지 못한다면 여기에서 논의하고 있는 교육과정과 교실 변화도 일어날 수가 없다.

일체화의 시스템적 측면에 대한 이해가 깊어진 것은 내가 초등학교 교사에서 중학교 관리자로 옮겨 갔던 때였다. 나는 전직을 하면서 많을 것을 배웠다. 가장 인상적이었던 경험 중 하나는 중학교 교사들의 대화 내용이었다. 물론 매우 정중했지만, 직원회의에서 심지어 일상적인 대화에서도 대화 주제는 주로 다른 교사 집단, 즉 초등학교 교사들에 관한 것이었다. 추측할 수 있듯이, 그 내용은 주로 초등학교 교사들이 학생들의 중학교 교육 준비를 소홀히 한다는 것이었다. 다시 말해 중학교 교사들이 초등학교 교사들은 할 수 없는 최고의 교육을 하고 있다는 것이었다.

거의 매일 이런 짜증스러운 대화를 들으면서, 나는 마침내 그 교사들에게 왜 초등학교 교사와 '함께' 대화하지 않으면서 초등학교 교사에 '대해' 이야기하는지 그 까닭을 물었다. 한 교사가 결코 잊지 못할 한마디를 했다.

"학교 시스템이 구성원과 '함께' 대화하는 것이 아니라 구성원에 '대해' 대화하도록 만들어진 것을 모든 교사가 알고 있어요!"

이 말은 사실이었다. 우리는 서로 만나서 이 중요한 사실에 대해 말할 수 있는 기회를 가져 본 적이 한 번도 없었다. 우리는 개별적인 건물 공간에 물리적으로 고립되어 있었고 토론이 가능하도록 연결되어 있지 않았다. 그리고 똑같은 방식으로 중학교 교사들이 학생들의 고등학교 교육 준비를 제대로 하지 않는다고 흉을 보는, 또 다른 교사 집단인 고등학교 교사들이 있었다. 아마 똑같은 방식으로 고등학교 교사들이 학생들의 대학 교육 준비를 제대로 하지 않는다고 흉을 보는 대학교의 교수 집단이 있을 것이다. 이후 나는 이 현상을 "책임 떠넘기기"라고 부르게 되었다.

책임 떠넘기기 증후군은 학생들의 학업 문제에 대한 책임을 한 단계 낮은 수준에서 규정지어야 한다는 신념에 의해 만들어진다. 4학년 교사가 불평하기를 "나는 학생들에게 나눗셈을 가르쳐야 하는데 1년 내내 곱셈을 가르쳐야 했어요. 곱셈은 3학년 때 배워야 할 기능이라고요!" 3학년 교사는 틀림없이 학생들에게 곱셈 구구단을 가르쳐야 했을 것이다. 하지만 그 교사는 1년 내내 2학년에서 배워야 할 두 자릿수 덧셈을 가르쳤다. 물론 2학년 교사는 두 자릿수 덧셈을 가르쳐야 했겠지만, 학생들이 1학년 때 배웠어야 할 한 자릿수 덧셈을 가르치느라 너무 바빴다. 1학년 교사들은 한 자릿수 덧셈을 기꺼이 가르쳐야 했을 것이다. 불행하게도 수 세기, 수 인식하기 그리고 자기 자리에 제대로 앉아 있기, 크레용 먹지 않기 등을 가르치느라 대부분의 시간을 보냈다. 이런 것들은 유치원 때 배웠어야 했을 내용이다. 따라서 결국 고등학교 교사가 직면한 학업 문제에 대한 책임은 유치원 교사에게 있다고 할 수 있을까? 절대 그렇지 않다! 그 책임을 유치원 교사들에게 묻는다면 대부분의 유치원 교사들은 미소를 지으며 자신들이 할 수 있는 최선을 다했다고 응답할 것이며, 첫날 유치원에 자녀를 데리고 온 학부모에게 그 책임을 떠넘길 것이다.

그렇다면 도대체 누구에게 책임이 있단 말인가? 우리는 학부모가 학교에 미치는 영향을 통제할 수 없다는 것을 알고 있다. 우리는 개별 학생의 학습력, 사회성, 정서적 발달이 어떤 수준에 있는지와 관계없이 모든 학생들과 함께 생활해야 한다는 사실을 잘 알고 있으며 이 사실을 수용하고 있다. 그런데 우리는 학생들의 보다 나은 성장과 발달을 위한 시스템을 더욱 훌륭하게 설계할 수 있다. 그리고 그것의 첫걸음은 우리 자신을 더 이상 시스템에 종속된 개별적인 계약 노동자로 인식하지 않는 것이다. 학생들이 우리의 교육 시스템 속에서 긴 여정을 펼쳐 갈 때, 그들이 경험한 성공이 학교 교육 시스템 안에 있는 모든 구성원들의 협력적 노력에서 비롯된 것임을 우리 교사 한 명 한 명이 인식하는 것이 중요하다.

이 사실을 설명하기 위해 나는 때때로 교사들에게 다음과 같은 것을 요구한다. 그것은 학생들이 학교를 졸업했을 때 궁극적으로 알아야 하는 지식과 할 수 있어야 하는 기능이 무엇인지 식별할 수 있는 단계 개념도를 사다리로 시각화하여 표현하는 것이다. 교사 개개인은 각 학년 수준과 교과 영역에서 학생들이 배워야 할 내용을 사다리 단계 개념도로 표현해야 한다. 학생들이 학년을 올라감에 따라 각각의 단계 개념도는 점점 복잡해진다. 어떤 학년 학생의 학년 배치가 적합하게 이루어지지 못했을 때 그 학생은 성장과 발달이 지체되거나 중단됨으로 인해 학습 결손이 발생하기도 한다. 교사들은 언제나 학생들의 학년 진급을 성공적으로 가능하게 했으므로, 하나의 팀을 구성해 협력하는 것이 현명하다. 하지만 대부분 교사들의 업무 스타일은 고립되어 있다. 심지어는 실제 문제가 그 단계 개념도 이면에서 발생해 교사가 통제하지 못한 상황이었음에도 불구하고, 그해에 그 학생을 맡아 지도했던 교사라는 이유만으로 학생들의 학년 진급 실패에 대한 비난을 떠안는다.

우리는 표준화된 학업성취도 평가를 이야기하면서 이러한 현상을 관찰할 수 있다. 8학년 학생들이 치르는 8학년 시험을 예로 들어 보자. 이 시험은 사실 유치원에서 8학년에 이르기까지 그동안 학생들이 지식을 얼마만큼 축적했는가에 대한 평가이며, 더군다나 8학년 교사에 의해 극히 행정적인 차원에서 일어나는 일이다. 만약 이 시험을 "누적된 지식을 알아보는 시험" 또는 "초등학교 교육 시험"이라고 일컫는다면, 그 시험에 대한 우리의 생각이 달라질지도 모른다. 학습은 점진적인 과정이며, 우리 모두가 협력하여 학생들이 딛고 올라갈 탄탄하고, 지속적이며, 조화로운 학습 사다리를 만드는 일이다.

훨씬 더 도전적이라고 할 수 있는 또 다른 시스템 일체화 영역이 있다. 시스템 그 자체로서 개별 학생들의 학습 요구와 일치될 수 있을 정도로 유연한 시스템을 설계하는 것이다. 오늘날 대부분의 학생들은 스스로를 학교 공간이라는 시스템에 일치시켜야 한다. 시스템을 학생들에게 일체화시킨다는 개념은 정책, 리더십, 그리고 학교 교육을 위한 인적·물적 자원 할당과 같은 엄청난 함의를 담고 있다.

우리는 학교를 지배하는 정책과 관습의 대부분이 낡은 교육 시스템에 근간을 두고 만들어졌으며, 그러한 아이디어와 전통의 직접적인 결과임을 알고 있다. 예를 들어 진실로 교육 시스템을 모든 학생들의 학습 요구에 일치시키려고 한다면, 오늘날 학생들을 집단으로 묶거나 학년으로 배정하는 관습적인 행위들을 재검토해야 할 것이다. 학생 개개인이 자신의 학습 속도에 맞춰 학습할 기회를 가지려면, 반드시 유연한 학사 일정 운영이 가능해야 하고, 학교 학습 시간수업일수, 시정, 배당된 수업 시간 등-옮긴이 주 등에 대해 새로운 방안을 검토해야 할 것이다. 결과적으로 이러한 종류의 혁신은 학교의 자원을 배분하고 활용하는 방식에 지대한 영향을 미친다.

그렇다면 실제로 100년 된 교육 시스템-모든 학생의 배움이 일어나도록 결코 설계된 적이 없는-을 혁신하여 시스템이 학생 한 명 한 명의 개별적 학습 요구에 일치되도록 할 수 없을까? 이러한 노력이 성공하려면 총체적 수업 일체화 과정을 이해하고 있으며, 총체적 수업 일체화 실현을 위해 기꺼이 어떤 일이든지 할 준비가 된 강력하고 용기 있는 교육지구의 리더, 그리고 학교의 리더가 필요하다. 이러한 혁신은 용기 있는 교장, 용기 있는 교사가 있는 학교에서 가능할 것이다. 교육지구는 단위 학교의 혁신 노력을 지원해 주어야 한다. 학교는 유의미한 혁신의 가장 큰 단위이며, 학교 혁신은 다시 학교를 혁신한다.Lezotte, 1997 교육 시스템 문제는 현재도 거대한 도전에 직면해 있다. 그러나 강한 리더는 각각의 도전이 한편으로 엄청난 기회를 제공한다는 사실을 이해하게 될 것이다.

성취기준, 교육과정, 그리고 평가의 일체화

총체적 수업 일체화 과정의 두 번째 단계는 성취기준, 교육과정, 그리고 평가의 일체화이다. "수업 일체화"라는 용어를 들었을 때 대부분의 교육자들은 머릿속에 이것을 떠올렸을 것이다. 이 단계는 주로 교사가 가르치는 내용으로서의 교육과정과 평가에 관한 것이다. 교사들은 일반적으로 학생들이 학습할 내용을 선정하기 위한 의사결정을 할 때 교육과정 지침을 참조한다. 교육과정 지침은 교육지구에서 개발한다. 인적·물적 자원 활용이 가능한 상태에서 학년과 교과 영역에 걸쳐서 학생들이 학습 내용을 공통적으로 이해하고 그 이해력이 향상되도록 하기 위한 것이다.

두 가지 질문이 제기되어야 한다. 교사가 개발해서 사용하고 있는 (교사 수준) 교육과정은 기존의 성취기준과 일치하는가? 그리고 교사들은 학생들이 배워야 할 내용이 무엇인지, 그리고 학생들이 배운 내용을 어떻게 평가할 것인지 명확하게 이해하고 있는가? 교사들은 교육과정 지침을 활용해 연간 교육과정 계획은 물론 분기별, 주기별, 매일매일의 수업 계획을 세운다. 듣기에는 별문제 없어 보이지만 지침으로 선정된 학습 성취기준은 모호하고 너무 광범위하며, 다양한 해석의 여지를 남기고 있다. 심지어는 학년 간 학습 내용이 중복되기도 한다. 학생들이 배워야 할 내용을 교육과정 지침을 통해 좀 더 명확하게 제시할 수 있지만, 교사가 성취기준 또는 평가기준을 해석하고 이해하고 있는 방식은 이 지침이 제시하는 것과 완전히 다르다.

교사 연수에서 교사들과 함께 읽기 과정過程과 읽기 교육과정敎育課程에 대해 논의한 적이 있다. 연속된 세 개 학년의 세 명의 교사들은 읽기 교육과정 지침에 '주요 아이디어'를 지도하라고 나와 있음을 찾아내었다. 나는 "그럼 선생님들께서는 맡고 있는 학년에서 '주요 아이디어'에 관해 정확하게 무엇을 가르치시나요?"라고 물었다. 교사들은 제각각 자신의 수업 내용을 설명하기 시작했고, 우리 모두 자신의 학생들이 해당 학년에서 똑같은 내용을 배우고 있다는 사실을 발견하고 깜짝 놀랐다. 분명히 다른 교사가 다른 방식으로 가르쳤을 것이다. 그런데 학생들은 똑같은 읽기 기능을 연속해서 3년 동안 배웠던 것이다. 이 현상 역시 대부분의 일체화 문제가 그렇듯이 시스템적 문제일 수 있지만, 주된 원인은 성취기준, 교육과정, 평가 사이에 일체화가 이루어지지 않았기 때문이다. 우리는 교육과정^{학교 교육과정 또는 교사 수준 교육과정-옮긴이 주}이 기존의 성취기준과 일치한다고 확신한다면, 학생들이 무엇을 배워야 하고 무엇을 할 수 있어야 하는지 교사들이 명확하게 이해하고 있는 상태라고 확신해야 한다.

일단 (학교 또는 교사) 교육과정이 성취기준과 일치된 상황이 되면, 평가를 그 교육과정과 일치시켜야 한다. 우리는 학생들에게 가르치고 있는 것을 평가하고 있는지 확인해야 한다. 서론에서 보았던 개에 관한 테스트가 주는 시사점은, 학습에 대한 학생들의 책무성을 확보하려면 우리가 먼저 수업에서 학생들이 학습할 수 있는 기회를 보장해 주어야 한다는 것이다.

교실에서의 수업 일체화 사례

총체적 수업 일체화의 세 번째 단계는 교실 수업 실천의 일체화이다. 다른 말로 표현하면, 교사가 교실로 들어가서 교실 문을 닫은 후에 무슨 일이 일어나고 있는가이다. 우리는 가끔씩 인정하기를 주저하지만, 교사는 학생에게 가르치고자 하는 것은 어떤 것이라도 생생하게 가르칠 수 있는 능력이 있음을 알고 있다. 대부분의 경우 학생들은 교사가 선정한 수업 내용을 신뢰한다. 학생들은 성취기준이나 평가기준과 관련하여 자신들이 현재 배우고 있는 것, 그리고 배운 것이 학년말에 시험 문제로 나올 것인지에 대해 의심하지 않는다. 심지어 강력한 수업 지도성을 갖춘 학교장이 교사들의 수업 계획안을 면밀하게 검토하고 정기적으로 교실을 방문하여 장학활동을 하고 있음에도 불구하고, 모든 교사가 성취기준과 자신의 교육과정을 일체화하여 수업하고 있는지 매일 확인하는 일은 말 그대로 불가능하다는 것을 알고 있다. 결국 수업 실천의 일체화는 개별 담임 교사의 전문성과 양심에 달려 있는 것이다.

교실에서의 수업 일체화 실천은 성취기준, 교육과정, 평가가 매일매일의 수업 계획에 반영되는 것이다. 이 과정이 원활하게 이루어지려면 교사에게 성취기준 기반 수업에서 지도할 수 있는 기본 도구와 절차가 제공되어야 한다. 교사들은 잘 정선된 행동 목표 형태로 명확하게 학생의 학습 목표를 개발해야 한다. 이 목표들은 구체적으로 진술되어야 하며 검토가 가능해야 한다. 많은 교사들에게 가장 최근에 수업에 필요한 행동적 목표를 진술해 본 것이 언제였느냐고 질문하면, 대학 교직과정을 이수할 때였다고 말한다. 교사들은 실제 교직에 입문하여 교사가 됨과 동시에 직접 행동 목표를 진술하는 것을 그만두었다. 특정 프로그램이나 교과서에 목표가 이미 진술되어 있기 때문이다. 교과서는 더 이상 수업 실천의 핵심이 될 수 없으므로, 교사는 이제 스스로 학습 목표를 개발해야 한다.

교사는 또한 추상적이고 모호한 목표 진술에서 벗어나서 학생들이 달성할 수 있는, 본질적인 학습 요소가 반영된 목표를 진술해야 한다(이 과정은 "과제 분석"으로 알려져 있음).Hunter, 1989 이러한 본질적인 학습 목표는 1년 동안 운영될 교육과정 계획으로 명료하게 전환되어야 한다. 또한 교사는 학생들이 성취하기를 바라는 것이 무엇인지를 검토할 수 있는 학생 평가 계획을 수립해야 한다. 교사는 학생들이 무엇을 배우고 있는지 검토할 수 있는 다양한 평가 방법과 교실에서의 참평가를 선정하고 설계하는 방법을 이해해야 한다. 학생들이 정련된 개념적 지식과 기능을 숙달하도록 수업을 설계하는 것은 고된 작업이다. 그렇지만 적합한 수업 자료와 학습 자원을 확보하는 것을 잊어서는 안 된다. 확인해야 할 목록은 끝이 없다. 교실에서의 수업 일체화 실천은 말로 논의하기는 쉽지만 실제로 완수하기에는 단순한 일이 아니다.

모든 교실에서의 총체적 수업 일체화 실현이 보장되기 위해서는 진정한 수업 리더라고 할 수 있는 기민한 관리자와 그와 함께 근무하는 숙련된 교사가 있어야 한다. 총체적 수업 일체화의 궁극적인 성공은 총체적 수업 일체화 과정이 진행될 때 이를 모니터링하고 재조정할 수 있는 행·재정적 지원과 리더십 발휘가 가능한 학교 구조에 달려 있다.

개념적 모델

두 개의 간단한 그림을 보면 총체적 수업 일체화가 어떻게 작동하는지 알 수 있다. [그림 1.1]은 일체화가 되어 있지 않은 상태의 프로그램 모습을 보여 준다. 사실 이 그림은 교육 프로그램을 일체화하기 위해 적극적인 노력을 하지 않은 학교 또는 교육지구에서 쉽게 발견할 수 있는 상황을 보여 주고 있다. 전혀 일체화되지 않은 프로그램을 최선을 다해 열심히 전달하고 있는 모습인 것이다.

[그림 1.1] 일체화되지 않은 프로그램

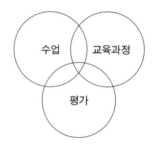

[그림 1.1]에서 수업 영역의 원은 정보, 개념, 기능 등 전반적인 학습 내용을 나타낸다. 이것은 교사가 교실에서 실제로 학생들에게 가르치는 내용으로 '가르친 교육과정the taught curriculum'이다. 교육과정 영역의 원은 교사들이 인식하기에 '가르쳐야 하는 교육과정the intended curriculum'을 나타낸다. 그리고 평가 영역 원은 학생들이 평가를 통해 책임지고 획득해야 할 정보, 개념, 기능 등을 나타내고 있다.

수업 영역 원과 교육과정 영역 원이 부분적으로 겹쳐 있는 것을 주목해 보자. 교육과정에 있는 내용 중 일부를 가르치고 있지 않다는 사실을 알 수 있다. 아마 교사는 과학 시간에 포유류에 대해 가르치려고 계획했을 것이다. 그러나 수업 시작 직전 복도에서 학생들 사이에 사고가 일어났고, 그 수업 목표는 급히 생활 교육으로 바뀌었다. 생활 교육 내용은 교육과정 지침에 없다. 어떤 선생님은 꼭 지침에 있는 내용을 가르쳐야 하느냐고 주장할 수 있지만, 어쨌든 생활 교육 내용은 학년말에 시험 문제로 출제되지 않을 것이다. 하지만 여전히 교사들은 교실에서 그 학생들을 가르쳐야 할 것이고, 또 반드시 가르쳐야 한다. 교사는 형식적인 교육과정의 한계선 범위를 넘어 자유롭게 움직일 수 있도록 허용되어야 한다. 또한 교육과정 지침에서 요구하는 내용보다 더 잘 가르치기 위해, 성취기준과 평가기준 이상의 수준에 도달할 수 있도록 교사는 유연한 마음을 가져야 한다. 학생들이 알아야 할 필요가 있는 것과 가르치면서 희열을 느낄 만큼 가르칠 필요가 있는 것들을 교사들이 제시할 수 있도록 허용하는 것이 중요하다. 우리는 교사가 가르침에서 희열을 느끼는 순간은 바로 학생들의 흥미를 자극하여 교육적 경험을 일으키는 것임을 잘 알고 있다. 학생들이 일단 이러한 교육적 경험을 하게 되면 그들이 교실을 떠난 이후에도 오랫동안 배운 내용을 기억할 것이다. 여러분은 언제나 교육과정에 있는 내용보다 훨씬 더 많은 내용을 가르치고 있다. 그러나 기억해야 할 것은 교육과정에 있는 내용만을 가르치고자 할 경우에는 진정한 가르침에 도달할 수 없다는 사실이다.

[그림 1.1]에서 평가 영역 원은 수업과 교육과정 영역과 부분적으로 겹친다. 이것은 평가된 어떤 내용이 교육과정에는 없는 내용이고,

수업 시간에도 다루지 않았다는 사실을 보여 준다. 만약 교육과정과 평가 모두 동일한 성취기준을 반영하도록 설계되어 있다면, 교사는 질 높은 준거지향 평가 문항이 교육과정에 제시된 내용을 적합하게 평가할 수 있다는 사실을 알고 있다. 그러나 많은 경우에 학생들이 의무적으로 참여해야 하는 표준화된 규준지향 평가는 교사가 현재 가르치고 있는 교육과정 성취기준과 일치하지 않을 수도 있다는 것을 명심해야 한다.

스탠퍼드 성취도 시험SAT: The Stanford Achievement Test은 어떤 특정한 교육과정과도 일치하지 않는 표준화된 규준지향 성취도 평가의 대표적인 사례이다. 제시된 모델은 교사가 잘 가르치고 학생들은 공부한 내용을 잘 배운다면, 학생들은 수업과 평가가 교차한 지점에서 출제된 시험 문항에서 틀림없이 정답을 찾을 수 있으리라는 가정을 하고 있다. 그러나 수업 목표가 수업과 관련이 없다면 어떻게 될까? 교육과정에 있는 내용을 한 번도 학생에게 가르치지 않았다면 어떻게 될까? 학생들이 이러한 문제에 제대로 옳은 답을 찾아낼 수 있을까? 틀림없이 학생들은 정답을 찾아낼 것이며, 이것이 가능한 까닭이 두 가지 있다. 첫째, 학생들이 습득하고 있는 선행 지식 일부분이 작용한 것이 그 이유일 것이다. 학생들이 다른 경로, 즉 가족과의 저녁 식사 자리에서의 대화, 텔레비전에서 본 내용, 또는 나이 많은 형제 등으로부터 지식을 습득했기 때문에 교사는 학생들을 가르칠 필요가 없었던 것이다. 둘째, 선행 지식이 이유가 아니라면, 다른 설명이 가능한 것은 그 학생이 운이 좋았거나 추측해서 답을 찾아냈을 때이다.

오늘날 학교에는 두 부류의 학생 집단이 있다. 교사가 없어도 공부할 수 있는 학생과 교사가 없으면 공부할 수 없는 학생이다. 어떤 학생들은 교사로부터 배움을 얻지만 우리가 알기로 그들은 교사와 함께 한 경험에서 배운다. 그러나 교사가 그 자리에 없더라도 그들은 여전히 학습할 수 있을 것이다. 집에서 공부하는 어떤 학생들은 이런 일이 가능하다는 것을 확실하게 알고 있다. 이런 학생들은 학업과 관련해 학교에 의지하지 않는다.

우리가 지도하는 다른 부류의 학생들-교사가 없으면 학습하지 못하는-은 성장하고 있는 것으로 여겨지는 집단이다. 이 학생들에게는 학교에서 평가할 여러 가지 지식이나 기능을 배울 수 있는 기회를 제공해 주는 가정에서의 학습이 반드시 이점이 되지는 않는다. 이들이 학업적 지식과 기능을 습득하는 주된 통로는 교사이다. 교사가 없으면 이 학생들에게는 배움이 일어나지 않을 것이다.

그런데 선행 지식을 습득할 기회를 갖지 못하는 학생들을 학습할 능력이 없는 학생이라고 생각하는 실수를 범해선 안 된다. 배움의 기회가 있건 없건 간에 학생들은 모두 배울 수 있으며 또 잘 배운다. 물론 그들도 자신들이 배운 것을 학습할 때 배움이 일어난다.

수년 동안 학교는 교육 프로그램 및 교사의 수업과 일치하지도 않는 표준화된 시험 결과에서 얻은 점수를 활용해 특별 보충 프로그램에 배치할 학생이 누구인지 결정해 왔다. 보통 이러한 특별 보충 프로그램이 가난하고 배움의 기회를 갖지 못한 학생들로 가득 차는 것은 놀라운 일도 아니다. 평가와 관련된 내용을 배울 수 없었기 때문이 아니라, 공부해야 할 내용을 교사가 가르쳐 주지 않아서 배울 기회를 갖지 못했기 때문이라는 점을 감안하면, 이들 중 몇 명이나 특별 보충 수업을 받으면서 낙인이 찍혔는지 모른다.

　[그림 1.1]을 총체적 수업 일체화를 적용한 프로그램을 나타내는 [그림 1.2]와 비교해 보자.

[그림 1.2] 일체화된 교육 프로그램

　두 모델에서 학습 내용의 분량을 나타내는 원의 크기와 모델에 표현된 순서에 주목해 보라. 수업 영역의 원이 가장 크고 그 원이 교육과정과 평가를 둘러싸고 있음을 눈여겨보라. 그 이유는 교사들이 교육과정 지침에 포함된 내용보다 더 많은 것을 가르칠 것이라는 점 때문이다. 그런데 교육과정 영역의 원은 수업 영역의 원 내부에 있다는 것이 중요하다. 즉, 수업은 교육과정보다 광범위하지만 교육과정의 어떤 한 부분도 수업에서 배제되는 부분이 없다. 끝으로 평가 영역의 원은 교육과정 영역의 원 안에 포함되어 있다. 모든 원 중에서 가장 작은 원이다. 왜냐하면 평가할 때는 대체로 교육과정에 있는 모든 내용을 평가 대상으로 하지 않기 때문이다. 대부분의 평가는 학생들이 교육과정에 있는 내용을 학습했는지의 여부를 무작위로 추출하여 검사하도록 설계되어 있다. 또한 주목할 것은 평가나 평가 목적이 교육과정에 있는 내용을 그대로 검사하려는 것이 아니라면, 수업 영역의 원 안에 여전히 위치하고 있는 것이다. 모든 학생들에게 평가받는 학습 내용을 공부할 수 있는 배움의 기회를 제공하는 것에 관해 고민한다면 이것은 중요하다.

원을 그리는 일은 쉽다. 반면 모든 교실에서 일체화된 수업이 실행되고 있다는 사실을 확신시키는 것은 훨씬 더 어렵다. 그렇다면 어떻게 해야 느슨하게 일체화된 교육 프로그램으로부터, 모든 교실의 모든 학생들이 일체화된 프로그램을 경험할 수 있는 상황으로 옮겨 갈 수 있을까? 이것이 가능해지려면 교사가 성취기준을 기반으로 수업 설계를 하고 이를 실천하기 위해 끊임없는 준비와 노력을 해야 한다. 다음 장은 성취기준을 기반으로 수업을 하는 교사에게 필요한 도구와 설차를 안내할 것이다.

2장

시스템의 일체화

대부분의 교육자들은 대학에서 수강한 미국 교육의 기초 강좌 Foundations in American Education 101 class를 통해 공립학교 시스템의 탄생에 대해 처음 알게 된다. 호레이스 만Horace Mann은 미국에서 최초로 여러 공립학교들을 설립한 사람으로 인정받고 있다. 이 학교들은 모든 사람이 자유롭고 적절한 교육을 받을 자격이 있다는 근본적인 믿음으로 만들어졌다. 모두를 교육시킨다는 생각은 당시에는 대단한 일이었다.

미국에 최초의 공립학교가 세워졌을 때, 인구의 약 절반은 농업으로 생계를 꾸리고 있었다.Economic Research Service, 2000 아이들이 가족 농장에서 어른들과 함께 일하는 것은 당연한 일로 받아들여졌다. 따라서 학교의 시스템은 농사 일정에 가능한 한 방해가 되지 않도록 설계되어야 했다. 수확을 마친 가을에 새 학년이 시작되는 학사 일정은 이 때문이었다. 학교는 농작물을 심는 데 아이들의 일손이 필요한 이른 봄까지 학기를 진행했다. 따라서 학교의 학사 일정은 8~9개월간의 학교 수업 사이에 3~4개월의 여름방학이 포함되었던 것이다.

전통적인 학교 시스템은 공장을 모델로 하여 만들어진 것이다. 학생들은 출생 연령을 기준으로 한 학년씩 배정되었다. 학생들을 위해 하루의 시작을 알리는 종이 울렸고, 학생 각자는 매일 일정량의 시간 동안 교사 또는 강사의 지도에 따라 학습했다. 각 학년 수준에는 학생들이 다음 단계로 넘어가기 전에 숙달해야 할 특정 지식과 기술이 있었다. 하교 시간을 알리는 종소리가 울리기 전까지 학생들은 지정된 수업 시간이 끝날 때마다 다른 교실로 이동했다. 이 시스템은 시간을 일정한 상수로 생각한다. 다시 말해, 모든 학생들은 각 과정 또는 각 학년마다 동일한 양의 내용을 배우기 위해 동일한 시간을 부여받는다. 만약 학생들이 학업에서 성공적이었다면 다음 학년 수준으로 진급할 것이고, 성공하지 못하면 다음 해에도 같은 학년에 머물게 된다. 학업에 실패한 학생들은 이러한 학교 시스템을 떠나 가족 농장에서 일하기 위해 집으로 돌아갈 수도 있었다.

우리의 삶은 지난 100년 동안 분명히 극적으로 변했다. 하지만 학생들을 교육시키는 전통적인 시스템은 사실상 변함없이 유지되고 있다. 성취기준 중심 그리고 평가 중심 수업의 시대에, 우리는 전통적인 교육 시스템의 거의 모든 측면들이 학교의 새로운 사명-즉, 모든 학생을 위한 교육-을 완수하는 데 촉진 요인이 될 것인지 아니면 장애 요인이 될 것인지를 면밀하게 재검토해야 한다. 총체적 수업 일체화는 단순한 교실의 요구, 학교의 요구가 아니다. 그것은 모든 학생의 개별적인 학습 요구를 충족시키기 위해 전체적인 교육 시스템을 다시 설계하고, 다시 정의하고, 일체화하는 총합적 과정이다.

첫 번째 단계는 전통적인 교육 시스템에서 과거에 행한 많은 관행이 실제로는 우리가 알고 있는 학생들 그리고 그들이 학습하는 방법과 완전히 정반대임을 인정하는 것이다. 나는 이것을 "우리 자신이 더 잘 알고 있는 것knowing better than we do"이라고 부른다. 예를 들어, 학생들이 어떻게 학습하는지에 대해 우리가 알고 있는 세 가지가 있다.

1. 학생들은 서로 다른 지식의 양과 다양한 수준의 기능을 가지고 학교에 온다.

   나는 아직까지 이를 받아들이지 않는 교사가 있다는 것을 들어 본 적이 없다. 실제로 교사들은 나에게 학생들 사이의 지식 격차가 점점 커지고 있다고 이야기하곤 한다. 학생들은 학업적, 사회적, 정서적으로 동일한 출발점에서 학교에 입학하지 않는다. 따라서 그들의 교육 요구는 다양할 수밖에 없다.

2. 모든 학생들은 배울 수 있지만 반드시 같은 속도로 배우는 것은 아니다.

   노스캐롤라이나 대학의 존 캐럴John Carroll은 적성에 관한 그의 연구를 통해 이 문제에 대한 많은 통찰을 제공한 학자로 알려져 있다. 캐럴Carroll, 1963에 따르면, 적성aptitude이란 얼마나 많은 학업성취 능력이 있느냐가 아니라 학습의 속도와 관련된다. 이것이 학교에서 적용되는 방식은 주어진 과제 해결에 따라 또는 적성에 따라 학생을 우수한 학습자 또는 열등한 학습자로 더 이상 분류하지 않고, 학습 속도가 빠른 학습자 또는 학습 속도가 느린 학습자로 이해하는 것이다. 캐럴이 이론화한 학습 공식에 따르면 학습의 정도는 학습자가 실제 학습한 시간을 학습에 필요한 시간으로 나눈 값과 같은데, 이는 학습에 필요한 시간을 최대한 줄이고 학습에 사용한 시간을 늘리면 학습의 성취 정도를 높일 수 있다는 것이다. 따라서 학습에 필요한 시간이 주어졌고, 동기 부여가 되어 있다고 가정할 때 모든 학생은 학습할 수 있다.

3. 학습은 대부분 점진적 과정이다.

우리는 학습이 건물을 올리는 과정과 같다는 것을 알고 있다. 지식의 조각들은 최종 단계에 이르러서야 완성된다. 예를 들어 학생이 문장을 쓰지 못하고 한 단어만 쓸 수 있다면, 교사는 그 학생에게 짧은 글짓기를 가르치기가 어려울 것이다. 학생은 문장들로 이뤄진 짧은 글을 구성하기 전에 먼저 문장부터 쓸 수 있어야 한다. 마찬가지로 학생이 곱셈을 할 수 없는 경우에 긴 나눗셈 문제를 가르치는 것은 전혀 의미가 없다. 이와 같이 학습은 점진적인 과정이기 때문에 필요한 만큼의 학습과정을 건너뛰면 학생들의 성공을 기대할 수 없다.

이와 같은 세 가지를 감안할 때, 공장식 교육 모델 이후에 설계된 전통적인 교육 시스템 아래에서 모든 학생들이 성공할 것이라 기대하는 것은 무리다. 총체적 수업 일체화가 실현되려면 먼저 시스템, 특히 오늘날 교실 구조와 학교 조직 구조에 대한 면밀한 검토가 필요하다. 이와 함께 학교와 교육지구 단위의 혁신을 지원할 수 있는 리더십의 역할이 절실하다.

교실 구조

공장식 교육 모델은 모두를 위한 학습이라는 목표와 양립하기 어려운 연령별 배치와 전통적인 시험 점수 매기기 등 수많은 교실 구조를 만들어 냈다. 수업 시스템을 진정으로 일체화하고자 한다면 반드시 이 문제들을 해결해야 한다.

시간 vs 상수로서의 학습

우리가 모든 학생들을 성공적으로 가르치려면, 시간은 변수變數로, 학습은 상수常數로 간주해야 한다. [그림 2.1]은 이런 생각을 시각화하는 데 도움이 될 것이다.

[그림 2.1]의 학생들은 학업성취 경주 시작을 위해 동일한 출발선상에 서 있지 않다. 학생들의 출발 지점은 지식과 기능 수준의 차이를 나타낸다. 우리가 학문적으로 기대하는 도달점에 바로 도달할 수 있는 학생들이 있는 반면, 일부는 그 학생들의 뒤에 처질 수도 있고 반대로 더 앞서갈 수도 있다. 학습은 점진적인 것이고 개인차가 크다는 것을 알고 있음에도 불구하고, 우리는 1년에 180일, 하루 6시간, 차시당 50분처럼 기본적으로 모든 학생들에게 같은 양의 내용을 배우게 하려고 동일한 시간을 부여해 왔다. 따라서 이 경주는 9월에 시작하여 이듬해 6월까지 계속된다. 모든 경주가 끝나고 우리는 학생들

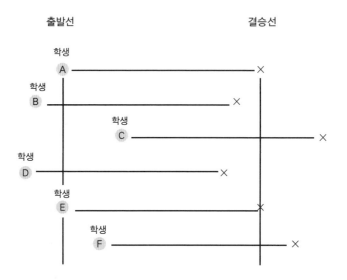

[그림 2.1] 학업성취 경주

이 얼마나 잘했는지를 평가한다. 학생 A에게 어떤 일이 있었는지 살펴보자. 이 학생은 주어진 시간 내에 주어진 양의 내용을 학습할 수 있었다. 이는 학생 A가 이제 다음 학년이나 과정에 대비할 수 있음을 나타낸다. 학생 B는 좀 다르다. 이 학생은 결승선에 도달하지 못했는데, 이 특별한 학생은 내용을 학습하지 못했다기보다 시간이 부족했다고 보는 게 더 적절할 것이다.

학생 B를 지원하기 위해 고안된 전통적인 교육 시스템은 어떠할까? 일반적으로 두 가지 방법이 있다. 첫 번째 방법은 이 학생이 비록 필요한 지식과 기능을 습득하지는 못했지만 다음 학년이나 과정으로 올려 보내는 것이다. 두 번째 방법은 이 학생에게 전체 경주를 다시 반복하게 하는 것이다. 우리의 전통적 학교 시스템에서 말하는 유급을 의미한다.

마지막으로, 학생 C는 다른 학생들보다 앞에서 시작하여 사실상 결승선을 한참 지나쳤다. 이 학생은 실제로 요구된 것 이상을 학습한 것이다. 전통적 교육 시스템은 이 학생을 어떻게 지원하고 있는가? 대개의 경우 다음 해에 다른 학생들과 같은 수업의 출발선에 세운다.

시간을 일정한 상수로 유지하는 교육 시스템에서는 학습이 변수가 되는 것이 분명하다. 만약 우리가 모든 학생들의 필요를 충족시키기 위해 교육 시스템을 재창조하게 된다면, 반드시 학습을 상수로 만들어야 하며 학습이 상수가 되면 시간이 변수가 되어야 한다.

연령에 따른 학년 배치

학생들을 출생 연령에 따라 학년에 배치하고 수업을 진행하는 것은 우리의 전통적인 교육 시스템에서 관행처럼 받아들여진다. 대부분의 학생들은 같은 나이의 다른 학생들과 함께 수업을 받기 위해 학년별로 편성된다. 이러한 관행은 한 가지 의문을 제기하는데, 과연 학생들의 출생 연령에 어떤 식으로든 완전하게 결부되는 교육 방식이 있을 수 있는 것일까? 대부분의 사람들은 '아니요'라고 할 것이다. 나는 교사 연수 과정에서 종종 피아노 레슨의 예를 들면서 이 부분을 설명한다.

나는 교육 분야에서 경력을 쌓기로 결정하기 이전에 피아노 전공으로 대학에 입학했었다. 그래서 내가 원한다면, 학생들에게 피아노 연주를 가르칠 수 있었다. 수업을 시작하기 전에 조금이라도 피아노 연주를 할 수 있는 학생이 몇 명이나 되는지 알고 싶어서 다음과 같은 질문을 했다.

1. 피아노 연주법을 이미 알고 있는 사람은?
   나는 필연적으로 우리 중에 피아노 연주가들이 있음을 알게 된다. 이 사람들은 내가 가르쳐야 할 것을 이미 알고 있기 때문에 나의 임무는 기존의 기능 수준을 향상시키는 것이었다. 이것은 새로운 작곡가를 소개하거나, 속도를 더 내고, 기술을 향상시키는 것을 의미했다.

2. 피아노를 연주할 수 없지만 다른 악기를 연주하고 악보를 읽는 법을 알고 있는 사람은?
   대개 이 범주에 속하는 사람들이 몇 명 있다. 이들에게는 악보를 읽는 법에 대한 수업이 필요하지 않다. 대신 이들은 피아노 건반의 키에 해당하는 음표를 배울 준비가 되어 있다.

3. 악보를 어떻게 읽는지는 모르지만 〈젓가락 행진곡〉 또는 〈오빠 생각〉과 같은 노래를 귀로 연주할 수 있는 사람은?
   이 사람들은 인생을 살면서 적어도 한 번쯤은 피아노 건반에 손을 얹어 보았을 것이다. 악보를 읽을 수 없으므로 피아노의 키에 해당하는 음표를 표시하는 수업을 받을 준비가 되어 있지 않다. 이들은 악보 읽는 법을 배우는 것부터 시작해야 한다.

4. 악기 그림들을 보여 줄 때 피아노를 골라낼 수 있는 사람?

　이 범주에 속하는 사람들이 늘 몇 명씩은 있다. 이들은 음악이나 피아노에 대한 경험이 전혀 없는 것이다. 이들은 확실히 처음부터 시작해야 한다.

　그룹 구성원의 지식과 기술을 평가한 결과, 나는 모든 학습자의 요구에 한꺼번에 부합할 수 있는 수업은 있을 수 없음을 알게 되었다. 그래서 현재의 성취수준에 따라 수업을 위한 그룹을 구성하는 것은 논리적일 뿐만 아니라 반드시 필요한 것이었다. 이것은 학생들의 기능과 지식의 변화에도 불구하고 능력에 따라 그룹을 구성하는 전통적 관행과 혼동되어서는 안 된다. 학생들의 배움에 따라 그때그때의 학습 요구를 충족시킬 수 있도록 학업성취에 따른 재그룹화는 유연하게 이뤄진다.

　성취수준에 따라 나눈 그룹과 출생 연령에 따라 나눈 그룹을 비교해 보자. 만약 내가 45세 이상, 35~44세, 34세 이하 등으로 세 개의 수업 그룹을 구성하기로 결정하면 어떻게 될까? 대부분의 사람들은 이것이 비논리적이라고 생각할 것이다. 그렇다면 왜 우리는 학생들을 출생 연령에 따른 그룹으로 나눌까? 그 질문에 대한 가장 솔직한 대답은 바로 이것이다. 그냥 우리가 늘 그렇게 해 왔기 때문이야!

　교사는 사전평가와 좋은 질문 전략 등을 통해 얻은 진단 정보를 활용하여 학습 문제와 관련해 학생들이 이미 알고 있는 것이 무엇인지 정확하게 알 수 있다. 이러한 정보는 교사들에게 학생들이 무엇을 배워야 할 것인지에 대해 교수적 판단을 내리도록 도움을 주는 한

편, 수업을 위해 학생들을 그룹으로 만들어야 할 때도 교사가 가장 적절하고 유연한 방식으로 그룹을 결정할 수 있도록 도움을 줄 수 있다. 또한 학생들이 적절한 수준의 수업을 받아 특정 학습 목표를 성공적으로 달성할 수 있도록 한다.

성적을 매기는 과정

[그림 2.1]의 학업성취 경주는 학생들의 발전을 평가하는 성적 매기기 정책에도 의문을 제기한다. 학생 A와 학생 B는 다이어그램의 두 선이 동일한 것처럼 실제로 같은 거리를 달렸다. 학생 B는 학생 A만큼 열심히 노력하여 결승선에 도달하고자 했지만, 시간이 부족했다. 그렇다면 두 학생을 어떻게 공평하게 평가할 수 있을까? 다른 학생들도 마찬가지로 배웠음에도 불구하고 결승선에 도달한 학생만 가장 높은 점수를 받아야 할까? 학업성취 경주 과정에서 이뤄진 학습에 대해 설명하고 기술하는 것이 더 합리적이지 않을까? 100년이 넘도록 이어진 전통적인 성적 매기기 방식에 대한 재검토가 필요한 가운데, 진정으로 모든 학생들이 성취기준을 충족하거나 초과하기를 원한다면 학생의 발전은 의미심장하게 보고되어야 한다.

전통적인 학교 시스템은 학생 개개인을 조직하고 다루는 방식뿐만 아니라 교사의 교수 행위를 바라보는 방식에 대한 관점 전환을 요구한다. 과거의 전통적인 학교 시스템에서 교사는 학생이 통과인지 낙제인지 성적을 매기는 일 외에 교육 프로그램에 대해 적극적으로 의사소통하고 계획하고 평가할 수 있는 기회를 제대로 갖지 못했다.

학교의 조직 구조

나는 교사로서 첫발을 내디뎠던 날을 생생하게 기억한다. 난 1학년 교사로 배정되었고, 1학년 4개 반이 나란히 있어 다른 1학년 교사들과 의사소통하기가 매우 쉬웠다. 매주 45분씩 공식적인 수업 협의회 시간이 보장되었고, 우리는 매일 같은 시간에 함께 점심을 먹거나 운동장에 모일 수 있어 더욱 자주 수업 계획을 세울 수 있었다. 사실 우리는 같은 학년으로서 하나의 팀으로 모든 일을 처리했다. 이러한 구조는 우리의 수업 프로그램들을 수평적으로 균등하게 맞추는 데 도움이 되었다. 우리의 계획 회의는 현장 체험, 수업 계획, 주제, 진도, 평가, 규율, 수업 프로그램, 수업 자원, 수업 방법, 학생들의 갈등 문제 등에 초점을 두었다. 우리는 유치원에서 이미 배웠어야 할 내용에 대한 불만을 가끔 털어놓았던 것을 제외하고는 상급 학년이나 하급 학년에서 일어난 일에 관해서 거의 이야기하지 않았다.

동학년 팀으로서 우리에게는 분명한 공통점이 있었다. 우리는 기본적으로 같은 나이의 학생들에게 동일한 지식과 개념, 그리고 기술을 가르쳤다. 이것은 중등학교 수준에서 학과별로 이뤄지는 방식과 다르지 않았다. 이러한 학교 조직 구조 속에서 협의회는 교사들의 교수 활동을 향상시키는 데 초점을 맞추는 경향이 있었다. 사실 이와 같은 전통적인 학년 수준에 맞춘 수평적인 계획은 교사에게 매우 중요하다. 그러나 학교 안에서 교사가 수직적으로 소통하고, 계획하고, 평가할 수 있는 또 다른 구조를 실현할 수 있는 방법을 찾는다면 어떻게 될까? 이러한 수직적인 팀 구조는 학년 간에, 또는 과정 간에 지식과 개념 그리고 기술을 논리적이면서 순차적으로 향상시키는 데 확실한 도움이 된다.

수직적 학년 팀 구조

나는 오하이오 주에 위치한 한 초등학교의 학기 계획에서 수직적 학년 팀 구조의 힘을 보았다. 학교장은 수직적으로 구성된 학년 팀에게 매주 90분간의 계획 시간을 주어 학생들의 학습 요구를 충족시키기 위해 새로운 구조를 어떻게 사용할 것인지 이야기 나누게 했다. 한 번도 수직적 학년 교육 계획을 세워 보지 않았던 교사들은 처음에는 이러한 변화에 불만감을 드러냈다. 그들은 어디서부터 시작해야 할지 확신이 서지 않았다. 유치원과 1학년부터 3학년까지의 교사들로 팀이 구성되었던 까닭에, 나는 먼저 3학년 교사가 기대하는 학습 기대치에 대해 이야기하는 것이 좋겠다고 제안했다. 3학년 교사는 마치 평생 동안 기다렸던 것처럼 즉시 뛰어들었다.

"다른 사람들에게 기대되는 학습인지 아닌지는 잘 모르겠지만 학생들이 3학년에 올라오기 전에 대륙에 대해 알고 있었으면 좋겠어요. 저는 학생들에게 국가를 가르쳐야 하는데 어떤 이유에선지 아이들이 국가가 속해 있는 대륙을 알지 못합니다. 학생들이 대륙을 알기 전까지는 국가에 대해 가르칠 수 없기 때문에 저는 해마다 진도를 나가기 전에 대륙에 대해 가르쳐야 합니다."

이렇게 말하고 나서 그녀는 수직적 학년 팀의 다른 교사들에게 물었다.

"3년 동안이나 학생들을 가르치면서도 7대륙을 모른다면 무슨 문제가 있는 거 아닌가요?" 이에 유치원 교사가 즉각적으로 반응했다. "제 학생들이 유치원 과정을 끝냈을 때는 모두가 7대륙에 대해 알고 있어요!" 1학년과 2학년 교사들은 아무 말도 하지 않았다. 유치원 교사는 3학년 교사를 보고는 "대륙을 가르칠 때 주황색 아프리카를 만드나요?"라고 물었다. 3학년 교사는 상당히 혼란스러워 보였다. 분명히 그 유치원 교사는 대륙이 색깔별로 표시되어 있는 교육용 퍼즐을 사용했을 것이다. "아프리카는 주황색, 호주는 분홍색, 그리고 남아메리카는 푸른색이에요"라고 그녀는 교사들에게 설명했다.

초등학교 1학년과 2학년 교사는 여전히 침묵 속에 있었다. 나는 1, 2학년 교사들에게 과거 각자의 학년 수준에서 아이들에게 대륙에 대해 가르쳤는지 물었다. 1학년 교사는 "우리는 1학년 때 대륙을 가르치지 않습니다"라고 말했다. 내가 이유를 묻자, "유치원에서 배웠기 때문에!"라고 대답했다. 2학년 교사도 똑같은 말을 했다.

그렇다면 이것은 무엇을 의미할까? 학생들은 유치원에 입학하여 아프리카는 주황색이고 호주는 분홍색이라고 교사가 가르친 것을 배웠다. 학생들은 같은 학교에서 1, 2학년을 보냈고, 유치원에서 배웠던 것들은 결코 다시 다뤄지지 않았다. 이제 학생들은 3학년이 되었고, 교사는 7개의 서로 비슷하면서 구불구불한 모양을 들어 올리면서 학생들에게 아프리카를 찾아보라고 요구한다. 학생들은 3학년이지만 대륙들을 구분하지 못하고, 네 명의 교사들은 그 이유를 파악하려 한다. 분명히, 이것은 학생들의 문제가 아니다. 교사의 문제도 아니다. 그것은 이 교사들이 학년에 따라 가르쳤던 내용에 대해 이야기를 나눌 기회가 없었기 때문에 발생한 시스템적인 문제였다.

이 네 명의 교사들은 새로운 수직적 학년 팀에서 몇 초도 걸리지 않아 문제를 바로잡을 수 있었다. 유치원 교사는 "저는 수업 퍼즐을 이용하여 색깔별로 대륙을 구분해서 계속 가르칠 거예요"라고 말했다. 1학년 교사는 "좋아요. 당신이 나에게 아이들을 보내면 나는 그들이 색과 모양으로 대륙을 알고 있다고 생각할 것이고, 제 임무는 연말까지 아이들이 모양과 단어로 대륙을 알게 하는 것이 될 거예요"라고 말했다. 그런 다음 1학년 교사는 자신의 교실에서도 동일한 색상 코드를 사용할 수 있도록 수업에서 사용하는 퍼즐의 색상 코드를 보내 줄 것을 유치원 교사에게 부탁했다.

이제 2학년 교사가 대답하기를, "제가 1학년을 마친 아이들을 맞이했을 땐, 그들이 모양과 단어로 대륙을 알고 있다고 생각하면 되겠군요. 1년이란 시간은 길어서 잊어버리기 쉬우므로 제 일은 대륙에 대해서 가르치는 것뿐만 아니라 간단히 복습하는 것이 되겠네요"라고 했다. 3학년 교사는 안도의 한숨을 내쉬며 "고마워요!"라고 말했다.

이런 일이 학생들에게 얼마나 자주 일어나는가? 혼란의 핵심은 가르친 내용이 아니라 가르치는 방법에 있었다. 만약 이 네 명의 교사가 새로운 수직적 학년 팀 구조 안에서 단 몇 초 만에 대륙과 관련된 문제를 해결할 수 있었다면, 또 다른 팀을 구성하여 두 자릿수의 덧셈과 관련해서는 무엇을 할 수 있을까? 책을 읽고 주제를 찾는 일은 어떠할까? 또 사실과 의견, 그리고 예측한 결과에 대한 것은 어떠할까? 이러한 수직적 팀 구조는 학생들이 다음 학년이나 상급 과정으로 옮길 때마다 교사들이 매우 조직적이고 잘 연계된 교육과정 운영을 할 수 있게 한다.

일부 학교들은 3~4년 동안 함께 근무하는 교사들을 수직적 팀으로 구성하고 학생 그룹을 배정하여 수직적 팀 구조를 더욱 발전시켜 왔다. 학습 기대치를 명확하게 하는 것 외에도 수직적 팀의 교사들은 학생들의 생활연령보다는 성취수준에 따라 융통성 있게 그룹을 만들 기회를 가질 수 있게 된다.

노스캐롤라이나 주의 한 초등학교는 수년간 수직적 팀 구성에 대한 아이디어를 실천하고 있다. 이 학교는 2학년에서 5학년까지 수직적 팀을 운영하는데, 교사와 학생들은 학습 공동체라고 불리는 수직적 팀에 배치된다. 학생들은 이 학교에 다니는 4년 동안 같은 팀에 속하게 된다. 수직적 팀의 교사는 개별 학생의 필요에 따라 수업을 계획한다. 읽기 및 수학에서 각 단원별로 개발된 진단 평가는 학생들의 지식수준을 판단하는 데 사용된다. 학생들의 그룹화와 배치는 그들이 알고 있거나 할 수 있는 것을 기초로 하며, 반드시 출생 연령에 따라 이뤄지는 것은 아니다. 그렇지만 학생들은 같은 연령 집단의 친구들과 함께 매일 일정한 시간을 보내게 된다. 교사들은 수업 시간과 쉬는 시간 동안에 상호작용할 수 있는 기회를 설계한다. 교사는 매일 독서와 수학 수업이 동시에 이뤄지도록 계획하므로 필요한 경우 융통성 있게 그룹화를 할 수 있다. 학생들은 과학과 사회 수업 시간에는 출생 연령에 따른 그룹으로 돌아간다.

이 학교에서 수업은 분명 학생들이 영리하다는 이유로 진학을 시키거나 반대로 교정이 필요한 학생이라고 해서 낙제를 시키는 것과는 거리가 멀다. 이 학교의 교직원들은 네 팀으로 구성된 교사들의 장점을 활용해 학생들의 요구 사항을 진단하고 정확한 수업을 처방하여 학생 개개인의 어려움을 해결한다. 그렇다고 해서 팀 구성을 위한 수평적 학년 구조가 적절하지 않다고 말하는 것은 아니다. 이 학교의 교사들은 수직적 또는 수평적으로 이뤄진 팀에서 함께 시간을 보낸다. 물론 학생들이 전혀 그룹화되지 않을 때도 있다. 일제식 수업, 교사 중심의 활동이 하루 종일 언제든지 이뤄질 수도 있다. 최종적인 목표는 모든 학생들이 주 정부의 성취기준을 달성하거나 넘어서는 것이다.

어떤 교사들은 나에게 이 학교의 교사들이 학교 구조가 어떻게 작동하는지 시각화해서 보여 줄 수 있지 않겠느냐고 종종 이야기하지만, 그들은 시스템적인 장애요인이 수직적 학년 팀 운영을 가로막는다고 걱정한다. 총체적 수업 일체화를 실현하기 위해서는 전통적인 학년별 교사 배정과 학생 배정 정책이 재검토되어야 한다. 예를 들어 교사 자격증은 교사에게 수직적 학년 팀 구성 기회를 허용하지 않을 수 있다. 유치원만 가르칠 자격이 있는 교사는 1학년을 가르칠 자격이 없는 것으로 여겨진다. 이것은 교사들이 교과별로 자격증을 가지고 있는 고등학교에서 더욱 중요한 이슈가 될 수 있다. 그렇지만 여러 고등학교들이 특정한 학문적 요구에 따라 학생들을 융통성 있게 그룹화하는 창의적인 방법을 찾기 시작했다. 나는 수직적 학년 팀이 잘 운영되고 있는 고등학교를 방문한 적이 있다. 이 학교의 관리자와 교사는 일과 시간의 가운데에 핵심 교과 수업을, 그리고 시작과 끝 시간에 선택 교과 수업을 배치했다. 이렇게 하면 종적 팀의 시간이 단축될 수 있다. 교사와 관리자는 법률상의 요구 사항이나 정책을 위반하지 않아야 한다. 이따금 이것이 학생에게 가장 유리한 결정이라면 요구 사항에 대한 면제 또는 예외 조항을 얻는 것이 가능할 것이다. 물론 카네기 유닛Carnegie unit(미국에서 한 과목을 1년간 수료한 경우 주어지는 학점)과 같이 오래된 체제적 장애물과 학습 누적 시간은 여전히 해결되어야 할 문제다. 우리가 단 한 명의 아이도 낙오되지 않도록 하는 새로운 사명을 완수하려면 오래된 제도는 반드시 고쳐져야 한다.

리더십

100년 넘게 자리 잡은 시스템을 바꾸는 것은 쉬운 일이 아니다. 변화를 추구하는 사람들은 종종 저항을 만난다. 교사는 현재의 시스템에 대해 무력감을 느낄 수 있다. 분명한 것은, 그들 스스로 시스템을 변형시킬 수는 없지만, 그들은 확실히 무력하지 않다! 총체적 수업 일체화를 체계적으로 실행하려면 모든 수준에서 용기 있는 리더십이 필요하다. 만약 현장 교사들이 교육적 신념이 가득 찬 학교장과 학교, 교육지구에서 근무하는 직원들의 강력한 지원을 받을 수만 있다면 과업 완수에 필요한 정책과 자원, 그리고 지원 체제를 시행하는 데 도움을 줄 수 있을 것이다.

학습 데이터 관리
학생 개개인의 학습 데이터를 관리하는 것은 과거에 이뤄졌던 일들과는 완전히 다른 관점의 전환을 요구한다. 나는 중학교의 교감이었기 때문에 매일, 심지어 매 시간 단위로 학생의 출석 데이터에 항상 접근할 수 있었다. 만약 어떤 학생이 첫 시간에는 있었지만 두 번째 시간에 나타나지 않은 경우, 나는 수업 종이 울린 지 3분도 채 안 되어 알아챌 수 있었다. 하지만 나는 학생의 학습을 추적하기 위한 잘 발달된 시스템을 가지고 있지는 않았다. 이후 나는 학생들의 학습을 모니터하기 위해 데이터를 수집하고 사용하기 시작한 학교 및 교육지구와 협력할 수 있는 기회를 얻게 되었다. 이들 학교 중 많은 곳에서 테크놀로지를 사용하여 학생의 발달을 추적하고 있고, 학생을 위한 개선 조치와 심화 학습의 기회를 제공하고 있다.

교사와 협업을 하는 학교와 교육지구 관리자는 교육적 의사결정을 생성하고, 구현하고, 평가하기 위해서 데이터 기반 시스템을 개발해야 한다. 예를 들어, 성취기준에 기반을 둔 프로그램에서 수업을 준비하는 교사는 과제 수행을 위해 교육과정과 자원, 그리고 교수 도구가 필요하다. 나는 "교과서에 정보가 없다면, 내가 가르쳐야 할 자원을 어떻게 확보할 것인가?"라는 교사들의 항의를 듣곤 한다. 학교 및 교육지구 수준에서 예산의 우선순위가 미치는 영향은 지대하다. 교장과 교육지구 장학사는 적절한 자료와 자원을 위한 예산을 배정하는 데 필요한 리더십을 제공해야 한다. 교사는 최종적으로 행·재정적 자원들을 교실에서 매일 사용하는 당사자이므로 반드시 의사결정 과정에 참여해야 한다.

총체적 수업 일체화 과정에서, 학생의 학업성취도 향상은 오랜 기간에 걸쳐 완성된 수업 프로그램의 목표 영역에 초점을 맞추어야 한다. 매년 교사는 수집한 학생의 학습 데이터에 대한 면밀한 검토를 통해 수업 프로그램을 반성하고 평가할 수 있는 기회를 제공받아야 한다. 이러한 과정은 학생들을 위해 교육 기회의 조정을 위한 정보를 얻는 것과 함께 학년말 총괄 평가를 통한 전반적인 교수 효과성의 반성을 위해서라도 연중 지속적으로 수행되어야 한다.

어느 전직 교육장은 바다 위 항공모함에서 일하는 남녀에 대한 이야기를 통해 자신이 관할하는 지역 내 교육자들과의 유사성을 이끌어 내곤 했다. 그에 따르면, 하루 일과가 끝날 때 항공모함에서 일하는 남녀는 어깨를 나란히 하고 갑판을 가로질러 걸어가면서 다음 비행기의 이륙 또는 착륙을 방해할 수 있는 작은 찌꺼기 조각을 찾아냈다. 함께 일하는 시간 동안 두 사람은 그날 있었던 일들에 대해 이야기를 나누고, 잘된 점과 개선해야 할 점에 관해서도 이야기했다. 나는 한 학년도의 마지막 며칠 동안은 "갑판을 걷는"심정으로 학교와 함께 일해 왔다. 한 학년도가 끝난 뒤에 교사들은 학생들의 데이터를 검토해 학습에 대한 평가를 하고, 학생들이 배운 내용을 활용해 다음 학년도를 위한 수업 프로그램을 조정한다.

전문성 개발 지원

우리가 교사들에게 개별 학생의 학습 요구에 맞춘 수업을 요구한다면, 개별 교사들의 교수 요구에 따른 전문성 개발을 지원해야 하는 것은 자명한 이치다. 교사가 가르치는 방식에 대해 극적인 변화를 요구하려면 교사가 성공할 수 있도록 전문적인 개발과 지원을 쉽게 얻을 수 있어야 한다. 큰 변화는 누구에게나 어려운 일이지만, 필요한 전문성 개발의 지원과 교사를 위한 후속 조치가 없을 경우 변화는 재앙이 될 수 있다. 아마도 이것이 과거에 있었던 많은 개혁이 실패했던 이유일 것이다. 대다수의 경우 시작은 성공적이지만 이후 이를 지탱할 잘 짜인 후속 조치와 지원 메커니즘이 없었기 때문에 실패하는 것이다. 그 결과 교사와 관리자는 변화에 대해 회의적으로 바라보게 된다. 변화를 일으키려면 후속 조치와 지원을 필요로 하는 양질의 전문성 개발을 반드시 제공해야 한다. 쇄신을 지지하는 전략이 과정에 반영되도록 하는 것 역시 중요하다. 이것은 이전에 습득한 지식과 기술을 발판으로 하거나 신규 교사가 학교나 교육지구에 적응하는 데 도움이 되도록 하는 신규 교사 연수 프로그램과 같은 지속적인 전문성 개발의 형태일 수 있다.

행정적 지원

총체적 수업 일체화는 어떤 프로그램이나 이벤트가 아니다. 여름 워크숍 기간에 이뤄지는 것도 아니다. 그것은 진행 중인 과정이며 관리자와 교사들에 의해서 해마다 개발되고 개선되어야 한다. 교육지구 수준의 관리자 및 지원 전문가들은 학교 수준의 교육자들과 수업의 활동과 자원, 그리고 프로그램을 필수적으로 조정해야 한다. 교육지구 차원의 인력은 리더십을 제공하고 총체적 수업 일체화 과정에서 학교 차원의 관리자가 리더십을 제공할 수 있도록 이를 지원하는 강력한 기반으로 행동해야 한다. 변화는 학교에서 일어나지만 교육지구의 지원 없이는 변화가 불가능하다. 총체적 수업 일체화 과정을 촉진시키거나 방해할 수 있는 의사결정 권력의 상당 부분은 교육지구 차원에서 이루어진다.

학교장은 총체적 수업 일체화의 과정에서 중요한 역할을 하게 된다. 새로운 데이터가 나타날 때마다 성취기준, 교육과정, 그리고 평가가 변경되어야 하고 새로운 연구가 교육과정을 중심으로 발전함에 따라 학교장은 가장 앞에 서서 교육적 지도력을 제공해야 한다. 만약 학교 관리자의 지원이 없다면 총체적 수업 일체화가 성공적으로 달성될 수 있을지 의심하지 않을 수 없다.

　학부모 역시 총체적 수업 일체화 과정을 이해하고 지원해야 한다. 학부모의 참여와 정보 제공을 유지하는 것은 학교 리더들에게 달려 있다. 연구에 따르면 효과적인 학교 프로그램은 교육 프로그램을 지지하는 강력한 가정과 학교, 그리고 지역사회를 확립하고 유지하기 위해 열심히 노력한다고 알려져 있다.Lezotte, 1991 총체적 수업 일체화 과정에서의 일부 시스템적인 변화는 학부모가 학교를 바라보는 전통적인 방식과 크게 다를 수 있다. 따라서 학교 프로그램에 관한 중요한 의사결정이 있을 때 학부모에게 알리고 학부모가 참여하게 하는 것이 중요하다.

　아마도 총체적 수업 일체화 과정에서 리더십의 가장 중요한 역할 중 하나는 교사와 관리자가 중요한 문제를 해결할 수 있는 시간을 확보하는 것이 될 것이다. 교사는 종적으로나 횡적으로 서로 협업할 수 있는 강력한 지원과 기회가 필요하다. 연수 과정에서 교사들로부터 가장 많이 듣는 질문은 "총체적 수업 일체화가 중요하다는 것은 알겠는데, 대체 이것을 할 수 있는 시간이 어디에 있습니까?"라는 것이다. 나는 총체적 수업 일체화 과정이 학생들에게 훌륭한 수업과 더불어 성공의 열쇠를 제공한다고 생각한다. 만약 이것이 사실이라면 어떻게 이 과정에 시간을 할애할 여유가 없을 수 있겠는가? 교사의 수업 이외의 시간은 제한적이므로 직원 및 팀 회의에서, 그리고 일반적인 계획, 전문성 개발 및 협업을 위한 기회에서 기존 시간을 활용하는 방법을 고려해 봐야 한다. 우리는 더 많은 시간을 생성할 수 없기 때문에, 학교 관리자들은 총체적 수업 일체화라는 목적을 위해 시간을 재배정할 수 있는 방법을 찾아야 할 것이다.

변화하는 시스템

총체적 수업 일체화가 하룻밤 사이에 이뤄질 수 없다는 것은 분명하다. 또한 우연하게 일어날 수도 없다. 총체적 수업 일체화 과정은 신중하게 설계해야 하고, 실행해야 하며, 모니터링해야 한다.

총체적 수업 일체화의 첫 번째 단계는 시스템의 일체화다. 이를 위해서는 모든 학생들의 학습 요구에 부응할 수 있도록 충분히 유연한 교육 시스템을 설계해야 한다. 우리는 기존 교육 시스템의 모든 측면을 과감하게 평가하고 많은 관행과 정책들을 재검토해야 한다. 우리의 미래를 계획할 때, 옛것에 대한 추억보다는 우리가 꿈꾸는 학교의 모습에 더 기대야 할 것이다. 100년이 넘는 시간 동안 구체화된 전통과 그간 받아들여졌던 관행에 대해 의문을 제기하는 것은 확실히 어려운 과제를 낳는다. 학습은 교실에서 이뤄지는 것인데도 자원과 정책, 그리고 광범위한 학교 시스템의 요구 사항에 따라 학습과정은 달라진다. 이러한 요소들이 행정적 편의와 시대에 뒤처진 전통보다는 학생의 요구에 부합할 때 교사들은 학생 한 명 한 명의 수준에 맞춰 일체화의 과정을 수행할 것이다.

지금까지 우리는 시스템의 일체화를 다루었다. 총체적 수업 일체화 과정의 중요한 다음 단계는 바로 성취기준, 교육과정, 평가의 일체화이다. 때로는 이것이 교사들에게 견디기 어려운 과업이 되기도 한다. 3장에서는 수업 효과성과 관련해 성취기준, 교육과정, 평가 간 일체화의 중요성을 강조하고, 교사가 가르쳐야 할 지도 내용과 학생들이 배워야 할 학습 내용의 명료성을 어떻게 확보할 것인지를 검토한다.

3장

성취기준, 교육과정, 평가의 일체화

서론에서 다룬 개에 관한 수업은 교육과정과 평가가 적절하게 일체화되지 않았을 때 발생할 수 있는 문제를 일깨워 준다. 나는 교사 대상 연수과정에서 개에 관한 수업을 자주 언급하고, 교사들 역시 흥미롭게 받아들인다. 교사들은 내가 수업 준비를 잘하고 있고, 모두를 몰입하게 하고, 시각 자료와 유머를 수업 중간에 적절히 사용하고, 다양한 학습 스타일에 따라 가르치며, 효과적인 교수 전략을 사용한다고 칭찬한다. 그런데 이런 완벽한 수업에도 불구하고 개에 대해 평가한 결과는 대개 형편없었다.

　만약 개에 관한 수업에 새로운 혁신적인 방법이 추가되면 어떨까? 나는 최첨단의 테크놀로지를 사용할 수 있고, 두뇌 친화적인 수업을 할 수도 있으며, 세부적인 성취 이력에 따라 역동적으로 학습 그룹을 구성하는 수업 등 수없이 많은 사례를 들 만큼 혁신적인 방법을 이용할 수 있을 것이다. 그러나 이것이 평가 점수에 영향을 미칠까? 아니다. 최신의 교육 방법이 중요하긴 하지만 이것이 내 수업의 내용적인 오류를 수정해 줄 수는 없다. 개에 관한 수업은 아주 간단한 이유로 인해 성공적일 수 없었다. 나는 가르치는 것과 평가하는 것을 일체화하지 않았다. 내가 아무리 잘 가르치더라도 대학 교육까지 받은 교사와 관리자들은 평균 50% 정도의 점수를 얻는 데 그쳤다. 새로운 혁신이 점수를 올리는 것이 아니다. 내가 평가하는 것을 제대로 가르쳤더라면 결과는 달라졌을 것이다. 그리고 이러한 일체화는 오늘날 학생들의 삶에서 평가가 차지하는 의미를 고려할 때 그 어느 때보다 중요하다.

공식적 평가

수년 동안 학교에서 학생들의 진급과 유급은 전적으로 그동안 획득한 점수와 교사의 판단에 의해서 이뤄져 왔다. 만약 학생이 출석을 잘하고, 열심히 노력하고, 적절한 성적을 얻는다면 대부분 다음 학년으로 진급하게 된다. 반면에 성적이 좋지 않고, 노력도 기울이지 않으며, 결석을 자주 하는 학생은 진급을 하지 못하고 그대로 남아 1년 동안 다시 공부를 해야 했다.

이제 공식적인 평가formal assessments는 그 어느 때보다 학생들에게 많은 부담을 주는 동시에 학생의 성취도 평가에 중요한 역할을 하고 있다. 오늘날 미국의 많은 주에서는 표준화된 학업성취도 평가 결과를 학생들 진급과 유급의 결정과 직접적으로 연결하는 정책을 채택하고 있다. 학생들은 고등학교 졸업장을 받으려면 대개 어떤 형태의 평가를 통과해야 한다. 단순히 수업에 출석하고 열심히 노력하는 것만으로는 충분하지 않다.

평가가 학생들에게 미치는 또 다른 영향은 학업성취 수준별 학급 편성tracking이다. 교육자들 스스로도 학업성취 수준별에 따른 학급 편성이 학생들에게 미치는 영향의 심각성을 잘 알고 있음에도 불구하고 너무 많은 학교에서 어떤 형태로든 여전히 학업성취 수준별 학급 편성을 실시하고 있다. 학업성취 수준별 학급 편성은 종종 평가의 수행 정도와 직접적으로 관련되어 있다. 고등학교 졸업시험이 하나의 예다. 첫 시험에 통과하지 못한 학생들은 단순히 그들의 통과를 돕기 위해 고안된 보충 과정을 듣게 된다. 학생들은 이 수업을 듣는 동안 정작 졸업 후에 더 많은 기회를 제공할 수도 있는 다른 과정들을 들을 수 없다. 무엇보다도 학업성취 수준별 학급 편성은 학생들의 고등학교 졸업 후의 선택에 직접적인 영향을 줄 수 있다. 그리고 궁극적으로는 학생의 자아 개념과 자아 존중감 형성에 부정적인 영향을 줄 수 있다.

평가 결과를 근거로 특수교육 제공 여부를 결정하는 경우에는 학생들에게 더 큰 영향을 줄 수 있다. 많은 보정補正 교육 프로그램들이 학생들을 학습 장애와 같은 특별 프로그램에 배치하기 위해 평가 점수를 사용한다. 일단 이런 프로그램에 한 번 배정되면, 학생들이 프로그램을 벗어나기란 쉽지 않다. 그렇다고 해서 모든 그룹화가 나쁘다는 이야기는 아니다. 예를 들어 학생들의 읽기와 수학 교과의 지속적인 성취도를 평가하여 융통성 있게 그룹화하는 것은 도움이 될 수 있다. 그러나 학생들을 지각된 능력에 따라 묶고 오랜 기간 동안 유지시키는 동질적인 그룹화의 전통적인 관행은 장기적으로 학생들에게 부정적인 영향을 줄 수 있다. 이런 정적靜的 그룹화는 학생의 자아 존중감뿐만 아니라 교사의 기대 수준에도 영향을 미친다. 우리들 중 몇몇은 학창 시절에 붉은색 새, 푸른색 새 또는 노란색 새 독서 그룹 중 어디에 속해 있었는지를 기억하고 있고, 또한 새의 색깔은 선생님이 우리가 읽을 수 있을 거라고 생각하는 책의 수준과 관련이 있었다는 것을 안다.

선생님의 기대가 학생들의 성과에 직접적인 영향을 미친다는 것은 잘 알려진 사실이다. 학습부진 학생이 교실에서 괄목할 만한 성과를 거뒀던 어느 임시 교사에 대한 오래된 농담을 아는가? 교장선생님이 그 교사에게 학생들과 함께 성취한 엄청난 결과에 대해 질문했을 때, 그녀는 학생기록부에서 학생들의 높은 IQ 점수를 본 후 아이들이 잘해 낼 것이라고 확신했다고 대답했다. 교장선생님은 깜짝 놀라면서 말했다. "그건 IQ 점수가 아니라 아이들의 사물함 번호였어!" 이 농담이 시사하는 바가 크다. 교사가 학생의 성공에 대한 높은 기대를 갖는 것이 효과적인 학교의 특징이라는 것은 연구를 통해 보고된 바 있다.Lezotte & McKee, 2002 교사의 기대는 학생의 자아 개념과 궁극적으로 학생의 성과에 직접적으로 영향을 줄 수 있다. 이와 같이 평가는 학생들에게 광범위하게 영향을 미칠 수 있으므로, 학생들이 최선을 다할 기회를 온전히 가질 수 있게 모든 교사가 수업과 평가의 일체화를 실천하는 것이 매우 중요하다.

성취기준

우리는 가르치는 것과 평가하는 것이 서로 일체화되었다는 것을 어떻게 확인할 수 있을까? 제시된 성취기준 하나만으로는 교육과정 일체화를 위한 안내가 충분하지 않다. 성취기준은 종종 모호하거나 포괄적인 용어로 표현되어 개별 교사가 자의적으로 해석할 여지가 있다. 성취기준에 대한 한 교사의 해석은 바로 옆 교실에 있는 다른 교사의 해석과 매우 다를 수 있다. 따라서 이 두 교사는 동일한 성취기준에 따라 상이한 내용을 가르칠 수도 있다. 보다 명확하게 설명하기 위해서 평가기준이나 학년 기대 수준을 예로 들더라도 교사가 교실에서 가르쳐야 할 내용을 정확하게 해석하는 것은 여전히 어렵다.

성취기준이 한 학년 수준에서 다른 학년 수준으로 올바르게 연계되지 않은 경우에는 또 다른 문제가 야기된다. 학습 기능은 학년과 학년, 과정과 과정 간에 논리적이면서도 순차적으로 구성되어야 한다. 만약 성취기준이 모호하고 포괄적이거나 반복적인 경우, 성취기준은 현재의 학년 또는 과정에서 다음 단계로의 연계를 위한 명확한 안내를 제공하지 않을 수도 있다.

평가기준이나 학습 목표는 학생들이 현재 단계에서 다음 단계로 어떻게 변화해야 하는지를 구체적으로 구분하지 않고 학년에 따라 반복될 수 있다. 나는 유치원에서 시작해서 12학년까지 매년 독해를 통해 글의 주제를 찾는 활동을 가르치는 교육과정 문서를 접한 적이 있다. 해당 교육과정 문서에는 단순히 학생들이 각 학년 수준에서 제시된 글의 주제를 파악할 수 있어야 한다고 언급되어 있다. 이 문서에서 누락된 부분은 어떻게 주요 아이디어의 개념이 성장하고 복잡하게 발전해야 하는가이다. 교육과정 지침이 없다면 교사는 주어진 수준에서 성취기준을 어떻게 다뤄야 할지 추측할 수밖에 없다. 필요한 것은 교사가 성취기준과 교육과정, 그리고 평가의 일체화 여부를 명확하게 검토할 수 있는 형식일 것이다. 일체화 검토 과정에서 유용하게 쓰일 수 있는 도구가 일치도 바로 매트릭스congruence matrix 이다.

일치도 매트릭스

많은 교사들이 일치도 매트릭스를 구성해 보는 것을 교육과정과 평가 목표를 일치시키는 데 필요한 첫 단계라고 생각한다. 교사는 종종 가르쳐야 할 내용과 평가해야 할 내용을 서로 다른 여러 문서에 제시해 놓거나 이해할 수 없는 방식으로 구성하는 경우가 있다. 이로 인해 중요한 관계를 놓치고 전체 그림을 볼 수 없게 된다. 일치도 매트릭스의 목적은 시각적으로 한곳에서 면밀한 검토를 통해 교육과정과 평가 목표를 구성하는 데 있다.

대부분의 일치도 매트릭스는 한 번에 하나의 학년과 하나의 과목 영역으로 구성된다. [그림 3.1]은 일치도 매트릭스의 예다. 일치도 매트릭스에 표시되는 필수 요소는 주 또는 지역 교육과정의 형식에 따라 달라질 수 있다. 우리 교육의 공통언어가 부족한 까닭에 전문 용

[그림 3.1] 일치도 매트릭스

성취기준 (Standard)	학년 평가기준 (Benchmark for Grade)	준거지향 평가 (Criterion -Referenced Test)	규준지향 평가 (Norm -Referenced Test)

어조차 주마다 다를 수 있다. 예를 들어 어떤 주에서 "평가기준 목표benchmark objective"라고 하는 것을 다른 주에서는 "학년 기대 수준grade-level expectation"이라고 할 수 있다.

일치도 매트릭스의 첫 번째 열은 일반적으로 성취기준으로 사용한다. 사실 성취기준이란 용어는 매우 광범위할 수 있는데 경우에 따라서는 유치원에서 12학년까지 동일한 성취기준이 제시되는 경우도 종종 있다. 두 번째 열은 해당 성취기준에 대한 학년별 평가기준을 담고 있다. 이는 특정 학년 수준에서 요구하는 평가기준을 좀 더 명료하게 하기 위해서다. 평가기준은 일반적으로 학생이 특정 학년 수준에서 성취기준과 관련해 배워야 하는 내용과 정확하게 일치한다. 세 번째 열은 준거지향 평가Criterion-Referenced Test(절대평가)를 위한 것으로 학년말 또는 과정 종료 시험의 형태를 취할 수 있다. 통상 교사들은 연말에 시험 결과의 형태로 자료를 확보할 수 있다. 일반적으로 시험 결과 보고서는 평가한 기능에 대한 정보와 학생들의 기능별 수행 정도에 대한 내용을 담고 있다. 만약 규준지향 평가Norm-Referenced Test(상대평가)를 실시한 경우에는 일치도 매트릭스의 네 번째 열을 이용할 수 있다. 고등학교의 경우, 규준지향 평가의 예는 대학 입학을 위한 SAT 또는 ACT 시험이 될 수 있다. 일치도 매트릭스와 관련해 유용한 다른 방안이 있으면 새롭게 배치할 수 있으며, 추가적인 열을 생성할 수도 있다. 매트릭스가 완성되면 학년 수준의 주제 영역과 관련한 모든 의도된 교육과정과 평가 목표가 한곳에서 구성된 것이다. [그림 3.2]는 6학년 사회 교과를 위해 완성한 일치도 매트릭스를 제시한 것이다.

[그림 3.2] 6학년 사회과를 위한 일치도 매트릭스(congruence matrix)

성취기준 (Standard)	학년 평가기준 (Benchmark for Grade)	준거지향 평가 (Criterion -Referenced Test)	규준지향 평가 (Norm -Referenced Test)
4.1: 다양한 출처의 차트 및 그래프 읽기	4.01: 지도, 전설, 차트 및 그림 해석하기	다양한 출처의 지도, 범례, 차트 및 그림 해석하기	차트와 그래프(선, 원, 막대그래프) 읽기 및 해석하기

매트릭스의 첫 번째 열은 사회 교과에서 이야기하는 광범위한 성취기준 중 하나를 다루고 있다. 두 번째 열은 더욱 구체적이다. 여기서는 학년 수준의 평가기준을 다룬다. 세 번째 열은 학년말에 학생들에게 적용할 준거지향 평가의 내용을 다룬다. 네 번째 열은 학생들에게 시행될 규준지향 평가에서 기능들이 어떻게 다루어질지를 나타내고 있다. 이 네 가지 내용들을 각자 다른 문서에서 다룬다면 교사들에게도 큰 부담이 될 것이다. 일치도 매트릭스 안에서 서로 간의 밀접한 관계를 구성해 봄으로써 내용을 보다 쉽게 파악할 수 있게 된다.

교사는 일치도 매트릭스를 통해 교육과정에서 가르쳐야 하는 핵심 내용과 학생들이 배워야 할 핵심 내용이 무엇인지를 요약할 수 있다. 요약된 정보는 교사들이 수업하는 동안 따라가야 할 일종의 수업 지도classroom maps로 해석될 수 있다. 이 지도는 교사가 정확히 무엇을 가르칠 것인지, 그리고 어떻게 가르칠 것인지에 관한 상세한 목록이다. 여기에 교육과정상의 목표 제시에 그치지 않고 구체적인 평가 목표까지 제시되어 있다면 더욱더 명료해질 것이다. 많은 교사들은 일치도 매트릭스의 구성을 통해 교육과정 안에서의 관련성을 살펴봄으로써 보다 순조로운 수업을 위해 학습 목표를 어떻게 구성해야 할지 더 잘 이해할 수 있었다고 이야기한다.

나는 일치도 매트릭스에서 구성하는 정보에 대해 선생님들이 토론하는 것을 들을 때마다 늘 흥미진진하다. 호기심이 생겨서 아래 학년 수준과 바로 위 학년 수준의 일치도 매트릭스를 보고 싶어 하는 교사들도 있다. 이것이 수평적, 그리고 수직적 일체화의 시작인 것이다. 학년 수준의 팀이기 때문에 일치도 매트릭스를 구성하는 작업에 함께 협력하는 것이 종종 효과적이다. 어떤 교사들은 컴퓨터를 이용해 매트릭스를 작성하는 것을 선호한다. 반면 어떤 교사들은 가위나 풀을 이용한 오래된 방식으로 작업하는 것을 선호하기도 한다. 대부분의 교사들은 대형 차트를 작성하고 그 위에 교육과정과 평가 목표를 구성하는 조작적인 실습 경험을 통해 일체화 과정을 보다 잘 이해하고 소통할 수 있다는 것에 동의한다. 이러한 실습 방식으로 매트릭스를 디자인하려면 먼저 커다란 종이를 칠판에 붙인 후 떼었다 붙였다 하는 활동을 할 수 있도록 교육과정과 평가 목표의 사본을 만들어야 한다. 일치도 매트릭스를 구성한 후, 교사는 매트릭스에서 추출한 수업 목표를 유기적으로 조직하는 과정을 교사 연구 모임을 통해 시작할 수 있다. 매트릭스를 통해 성취기준인 지식, 개념, 그리고 기능 간의 자연스러운 그룹화를 쉽게 알아볼 수 있다. 일반적으로 교사들은 과목에 따라 4~8개의 영역을 찾는다. 예를 들어 국어 과목의 영역은 읽기, 쓰기, 듣고 말하기, 문학, 문법 등을 포함할 수 있다. 이러한 영역은 일반적으로 한 학년 수준에서 다음 학년 수준까지 일관성을 유지한다. 영역 내의 지식과 개념, 그리고 기능은 학생이 학년을 올라가면서 점진적으로 복잡해진다.

백워드 교육과정 설계

학생들이 학년이 올라가면서 단계별로 논리적이고 순차적인 기능을 발전시킬 수 있게 하려면 교사는 반드시 수직적 계열성을 검토해야 한다. 교사들이 함께 수직적 계열성을 논의하고 결정할 때, 학생들이 궁극적으로 알아야 할 것과 해야 할 것을 예상하고 난 후에 각 학년 수준에서 이를 확실하게 지원할 교육과정을 거꾸로 접근해가는 것이 중요하다. 이를 교육과정의 백워드 설계backward mapping이라고 한다. 지도 제작의 경우와 마찬가지로 만들기 전에 먼저 최종 목적지를 염두에 두어야 한다. '당신이 어디로 가는지 알지 못한다면, 당신은 아무렇게나 살 것이다If you don't know where you are going, any road will take you there'라는 미국 속담은 교육과정에도 그대로 적용된다.

　나는 학년 수준에서 수평적인 통합성은 완벽하게 이뤘지만 교육과정의 수직적인 계열성을 위해서는 노력하지 않았던 초등학교 교사 그룹과 함께 일을 한 적이 있다. 그때 교육과정 지침에서 '사실과 의견'의 기능이 2학년부터 5학년까지 매해 반복되는 것을 보았다. 해마다 학습 목표는 학생이 사실과 의견을 구별할 수 있어야 한다고만 간단하게 명시되었다. 나는 2학년 교사들에게 사실과 의견에 대해 학생들에게 무엇을 가르쳤는지 정확하게 말해 달라고 부탁했다. 일련의 협동 작업 후에 그들은 '당신은 오늘 검은 바지를 입었습니다'는 사실이고, '오늘은 이 도시에서 내가 경험한 가장 추운 날입니다'는 의견이라고 대답했다. 다시 말해 그들은 학생들에게 사실과 의견의 차이점에 대해 가르친 것이다. 그다음에 난 3학년 교사들에게 똑같은 질문을 했다. 놀랍게도 그들은 내게 똑같은 대답을 해 주었다. 2년 연속으로 똑같은 기능을 학생들에게 가르친 셈이다.

　나는 이번에는 4학년 교사에게 사실과 의견에 대해 무엇을 가르쳤는지 물었다. 그들은 학생들에게 두 페이지짜리 단락을 읽게 한 후, 저자가 사실을 말하고 있는지 의견을 말하고 있는지 여부를 이야기할 수 있고, 저자가 의견을 제시하는 경우 제대로 된 추론을 사용하는지 잘못된 추론을 사용하는지를 판단할 수 있다고 대답했다. 짧지만 매우 인상적인 대화를 나누는 동안, '학문적 그랜드캐니언 Academic Grand Canyon'이라고 할 만큼 그들 앞에 놓인 커다란 절벽을 확인할 수 있었다. 4학년 교사들에게 학생들에게 왜 그렇게 높은 기대 수준을 요구했는지 묻자, 그들은 학년말 시험에서 그 내용으로 학생들을 평가할 것이기 때문이라고 대답했다. 우리가 시험을 변경할 수는 없지만 2학년과 3학년 학생들에게 4학년 때 요구되는 기대 수준에 대한 준비를 돕기 위해 어떤 지원을 할지는 조정할 수 있을 것이다.

교육과정의 백워드 설계에서 학생들이 배우고 실행하기를 원하는 최종 목적지를 결정하고, 학년 간, 과정 간을 서로 연결하는 명확한 지원 과정을 편성하는 것이 매우 중요하다. 이것은 고등학교에서 시작하여 중학교를 거쳐 초등학교 단계까지 교육과정을 연결하는 것을 의미한다. 이것은 몇 단계의 학년 수준을 군집화clustering하여 교육과정의 영역을 수직적으로 분석한 다음 이에 따라 교육과정을 조정함으로써 가능해진다. 수직적인 조정이 완료되면 교사는 교육과정 안에서 놓친 부분이나 틈새, 그리고 중복된 부분을 찾을 수 있다. 지방교육위원회의 교육장은 이를 '틈새 분석gap analysis'이라고 부르는데 적절한 표현이라고 생각한다. [그림 3.3]은 켄터키 주에 있는 오언즈버러Owensboro 공립학교의 교사가 작성한 대수학의 영역을 위한 백워드 설계의 예이다.

[그림 3.3] 대수학 개념을 위한 백워드 설계

대수학 개념(Algebraic Ideas)
오언즈버러 공립학교 기능 교육 연속체

취학 전
5B. 모형에서 패턴을 복사한다.

유치원
5B. 그림이나 모델에서 패턴을 식별하고 복사한다.
5E. 모양, 색상 및 실제 생활에서 패턴을 식별하고 확장한다.
5A. 다음에 올 패턴을 예측한다.
5C. 주어진 패턴을 계속한다.
5D. 자신의 패턴을 만들고 규칙을 설명한다.

1학년
7D. 실제 생활에서의 패턴, 숫자의 규칙 및 움직임, 소리 등을 설명한다.
3E. 반복되는 패턴을 0에서 100까지의 숫자로 설명한다.

2학년
3E. 숫자, 움직임, 소리, 모양 및 객체의 패턴을 생성, 재현, 확장한다.
5G. 입출력 기계를 설명한다.

3학년
5E. 누락된 값이 있는 수식에 대한 해답을 찾는다(예: $7+?=10, ?+5 \rangle 10$).
5F. 함수 기계에서 숫자를 대체한다.

4학년
10F. 입력과 출력 패턴에 대한 규칙을 식별한다.
10G. 양수만 사용하여 숫자 라인에 점을 그린다.
10H. 숫자 패턴을 비교하고 대조한다.
10I. 변수를 사용하여 방정식을 풀이한다.
10J. 변수, 순서쌍, 표의 목록, 그래프의 도표 및 패턴을 사용하여 관계를 표현하고 설명한다.
8C. 선 그래프의 좌표를 구분한다.
10C. 숫자 패턴과 기하학 패턴을 인식하고 생성한다.

5학년

9D. 양수의 좌표계에 점을 그린다.

10A. 조작, 그림, 표 및 단어를 통해 입출력 기능을 설명한다.

10B. 누락 된 값이 있는 수식에 대한 해답을 찾는다(예: $7+?=10$, $?+5>10$).

10D. 패턴 및 정렬된 쌍에 대한 규칙을 생성한다.

10E. 순서가 어떻게 비슷하거나 다른지 분석하고 방식(숫자, 그림, 단어)을 설명한다.

6학년

8B. 단어와 그림을 사용하여 수치 및 기하학적 패턴을 설명한다.

8C. 기본 입출력 기능을 표, 그래프 및 언어적 규칙을 통해 간단하게 보여 준다.

8D. 표에 데이터를 구성하고 데카르트 그리드에 점을 표시한다.

8E. 간단한 수식(예: $A = lw$)을 사용하여 문제를 해결한다.

8F. 구체적 또는 비공식적인 방법을 사용하여 일상적인 상황을 하나의 변수로 하는 방정식으로 만들고 풀이한다.

7학년

7A. 변수의 의미를 설명하시오.

7D. 대체할 수 있는 답을 확인한다.

7F. 구체적이고 그림으로 나타낸 방정식을 풀이한다.

7G. 대수식을 작성한다.

7H. 표와 규칙을 함수로 나타낸다.

7J. 변수를 사용하여 수치 및 기하학적 패턴을 설명한다.

7K. 패턴을 인식하고, 만들고, 지속한다. 모든 용어에 규칙을 부여하여 패턴을 일반화한다.

7L. 숫자 및 대수 표현을 단순화한다.

7M. 수식과 관련된 문제를 해결한다.

7N. 표, 그래프, 언어적 규칙 및 방정식 간의 관계를 해석한다.

7O. 일상적인 상황에 적용될 수 있는 단일 변수 방정식을 만들고 풀 수 있는 다양한 방법과 표현을 보여 준다.

7P. 불완전한 생각으로 변수 표현을 설명하고 완전한 생각으로 방정식을 설명한다.

8학년

6B. 수치 및 대수 표현을 단순화한다.

6C. 1차 방정식과 부등식을 해결한다.

6F. 표, 그래프, 규칙 및 방정식 간의 관계를 설명한다.

6G. 방정식과 부등식을 나타낸다.

6H. 그래프, 규칙, 표 및 기보법의 기능들에 대해 이해한다.

6I. 풀이표를 만든다.

6J. 표를 이용해 도식으로 나타낸다.

6K. 한 변수의 변경이 다른 변수의 변경에 어떻게 영향을 미치는지 설명한다.

6L. 패턴을 인식, 생성 및 지속한다(n번째에 대한 규칙을 부여하고 패턴을 일반화 한다).

6M. 표를 사용하여 그래프를 선으로 나타낸다.

6N. 부등식을 조사하기 위한 다양한 방법과 표현을 설명한다.

6O. 선의 기울기와 방정식을 결정한다.

대수학 I

3A. 수학적 대수 표현으로 삶의 문제를 해석한다.

3C. 수학적 표현을 평가하기 위한 작업 순서를 설명한다.

3D. 대수학에 산술 특성을 적용한다.

3E. 구체적인 수준의 사고에서 추상적인 수준의 사고로 해석한다.

4A. 용어, 변수, 계수를 식별한다.

4C. 같은 용어를 결합한다.

4D. 가장 낮은 항에서 분수 계수를 표현한다.

4E. 수학적 계산에 순서를 적용한다.

5A. 기본 계산을 사용하여 변수를 분리한다.

5B. 대수 기호와 방정식으로 단어를 해석한다.

5C. 선형 방정식을 그래프로 나타낸다.

5G. 변수로 구성된 방정식을 풀이한다.

5D. 그래프 작성을 위한 절편 형태를 계산한다.

5E. 방정식과 부등식의 수치 값을 표를 만든다.

5F. 기울기를 사용하여 평행 및 수직 관계를 인식한다.

7A. 선형 부등식을 풀고 그래프로 나타낸다.

7B. 등호와 부등호의 차이를 설명한다.

7C. 부등식을 풀이한다.

7D. 좌표 평면에서 부등식에 대한 해를 나타낸다.

7E. 음수를 곱하거나 나누면 부등호의 방향이 바뀌는 개념을 적용한다.

8A. 그래프, 대체 및 선형 조합으로 풀이한다.

8B. 해법 유형을 식별한다.

8C. 실제 상황에 적용 할 때의 결과를 해석한다.

10C. 행렬을 사용하여 시스템을 해결한다.

6A. 수치 및 대수 표현에 대한 지수의 규칙을 활용한다.

6B. 다항식과 그 부분의 유형을 식별하고, 더하거나 뺀다.

6C. 단항식을 인수분해한다.

6D. 다항식을 곱하고 단항 부호를 나눈다.

6E. 어느 수에 0을 곱해도 결과는 0인 성질을 다항식의 요소와 관련시킨다.

12A. 선형 방정식과 부등식을 풀기 위해 습득 한 기술을 활용하여 2차 방정식 및 지수 방정식을 풀 수 있다.

12B. 수직 및 수평 시프트와 같은 선형 방정식의 변환 아이디어를 비선형 방정식의 변형으로 확장한다.

5H. 함수를 정의한다.

5I. 함수 기호법 및 그래프 기능을 설명한다.

5J. 수식, 표, 그래프, 단어 및 함수 방정식이 서로 관련되어 있음을 설명한다.

9A. 무리수를 단수화한다.

9B. 선형 방정식을 풀이한다.

13B. 비와 비율의 문제를 해결한다.

13D. 모든 변수에 대해 직접 또는 역 관계를 갖는 문제를 해결한다.

대수학 II

5B. 선형 함수로부터 함수를 개발한다.

9C. 통계 그래프를 분석하고 해석한다.

11A. 대수적으로나 그래픽으로 방정식의 시스템을 풀이한다.

3A. A어느 수에 0을 곱해도 결과는 0인 속성을 적용한다.

3B. 다양한 방법으로 2차 방정식을 풀이한다.

3C. 0을 찾는 데 2차 방정식을 적용한다.

3D. 실제 상황을 2차 방정식으로 변환한다.

3E. 최솟값과 최댓값을 구한다.

4A. 가장 간단한 형태로 방정식이나 부등식을 작성한다.

4B. 해집합에서 순서쌍을 결정한다.

4C. 순서쌍, 그래프 및 방정식을 연관시킨다.

4D. 정의역과 치역을 결정한다.

4E. 그래프의 분석을 실제 상황에 적용한다.

5A. 함수 계열의 속성을 식별한다.

5B. 비선형 데이터 포인트로부터 함수를 개발한다.

5C. 변환 시 변경되는 요소와 변형 시 변경되지 않는 요소를 설명한다.

5D. 함수를 사용하여 패턴을 나타낸다.

5E. 함수에 대한 연산을 수행한다.

6A. 지수 함수와 로그 함수의 관계를 설명한다.

6B. 지수 함수 및 로그 함수를 간단히 해결하는 방법을 설명한다.

6C. 문제를 해결하기 위해 로그의 기본 특성을 설명하고 로그를 사용할 수 있다.

6D. 기술을 활용하여 지수 함수 및 로그 함수를 표현하고 그래프를 표시한다.

6E. 함수의 변환을 탐색하고 설명한다.

11B. 행렬을 사용하여 시스템을 해석한다.

대수학을 위한 이와 같은 백워드 설계는 학생들이 유치원에서 대수학 Ⅱ까지 성공하는 데 필요한 지식과 기술을 다룬다. 학습 기대 수준이 각 학년 수준의 행동 용어로 명확하게 표기되어 있음을 알 수 있다. 매해 기능이 복잡해지면서 모든 교사들은 학생들이 다음 학년 수준에서 성공하기 위해 필요한 것을 배울 수 있도록 일정 수준의 책임감을 느끼게 된다. 학습과정에서 학생들의 출생 연령이 반드시 학생들이 어디쯤에 위치하고 있는지를 나타내는 것은 아니다. 한 명의 학생이 핵심적인 내용을 완전하게 학습했는지 여부를 정확하게 결정하는 것은 단지 평가를 통해서만 가능하다.

　이 백워드 설계의 과정은 학생들이 향상될 수 있도록 사다리를 놓는 것과 같다. 학생들이 시스템을 통해 노력하고 있을 때, 각각의 교사들은 자신에게 주어진 과업을 수행해야 한다. 만약 한 교사가 자신의 과업을 실패하고 어떤 학년에서 문제가 발생된다면 다음 해에 학생들을 맡게 되는 교사는 뒤로 돌아가서 전년도의 문제점을 수정해야 한다.

　백워드 설계 과정이 끝나면, 교육지구는 학생들이 각 학년과 각 과목에서 숙달해야 하는 필수적인 지식과 개념, 그리고 기능에 대한 명확하고 상세한 지침서 세트를 갖게 된다. 이러한 교육과정 지침은 학습을 측정하는 평가와 연계되고, 다시 현재 학년 수준에서 다음 학년 수준으로 연계된다. 이것은 교사들에게 그들이 정확하게 무엇을 가르치고 있는지, 그리고 학생들은 무엇을 배우고 있는지에 대한 구체적인 정보를 제공한다. 교사는 이를 통해 학생들이 앞으로 어느 곳을 지향해야 하는지를 알아봄으로써 다음 학년 수준을 예견할 수 있고, 학생들이 지난해에 숙달했어야 했던 것이 무엇이었는지도 들여다볼 수 있다.

교육과정 일체화에서 수업 일체화에 이르기까지

다음 단계는 세부적인 교육과정 지침을 날마다 교실에서 이루어지는 교수 및 학습과정과 연계시키는 것이다. 제아무리 좋은 교육과정 지침이라도 선반에 놓여 두꺼운 먼지만 쌓이고 수업에 영향을 미치지 못한다면 아무 소용이 없다. 학생 개개인이 각 학년 수준에서 기대하는 바를 잘 배우면서 성장하고 있는지를 확인하는 책임은 교사에게 달려 있다. 교실에서 교육과정과 수업의 실행을 일체화시키는 일이 항상 쉬운 것은 아니다. 교수Teaching는 깊이 있고 풍부한 지식, 그리고 수업 접근 방식에서의 창의력을 요구한다. 교과서가 항상 성취기준과 일치하지 않기 때문에 교과서 내용에만 의존해서 가르치는 것은 더 이상 용인되지 않는다. 만약 교사가 교실에서 교육과정과 수업을 일치시키지 않는다면, 교육과정과 평가의 일체화를 위해 쏟았던 노력들은 아무 의미가 없게 된다.

학생들에게 가르친 것과 다른 것을 평가하는 것은 공정하지 못하다. 새로운 성장을 위해서는 우리가 책임지고 학생들 모두에게 지식과 개념, 기능을 배울 수 있는 공평한 기회를 제공하는 것이 중요하다. 4장은 수업 일체화의 복잡성과 교사의 성공을 위해 필요한 도구의 개요에 대해 설명한다.

4장

수업 일체화

많은 학교와 교육지구는 상당한 인적, 물적, 재정적 자원을 투자하여 성취기준, 교육과정, 평가를 일체화시켜 왔으며 그 과정을 통해 일체화된 교육과정 문서를 개발하였다. 그런데 성취기준, 교육과정, 평가의 일체화가 교실 수업에 반영되지 않는다면 이러한 노력의 결과는 일체화 이전과 거의 차이를 드러내지 못할 것이다. 우리는 교사가 교실 문을 닫고 수업을 시작할 때 일어나는 일들이 가장 중요하다는 것을 알고 있다.

　교사는 학생의 성취기준을 결정하기 이전에도 학생들이 배워야 할 만큼 중요하다고 생각하는 것을 가르칠 수 있었다. 예를 들어 초임 교사였을 때 내가 가장 좋아하는 사회 단원은 경찰관, 소방관, 의사, 간호사 등의 "지역사회 도우미community helpers" 역할을 하는 서비스업에 관한 것이었다. 나는 이 단원을 대학 교수법을 가르치는 수업 중에 개발했다. 나는 단원 개발에 많은 시간을 투자했고, 가르치는 데 필요한 다양한 자료를 가지고 있었다. 나는 그 단원을 가르치는 것이 즐거웠고, 학생들도 지역사회 도우미에 관해 배우는 것을 즐거워했다. 돌이켜 생각해 보면, 나는 사실상 그 단원에서 내가 세운 목표가 지역교육청이 제시한 1학년 교육과정에 부합하는지를 확신하지 못했다. 그러나 그 당시에는 문제 되지 않았다. 요즘에는 교사의 책무성을 강조하지만 그 당시에는 그렇지 않았고, 학생들이 이미 설정된 학습 목표에 도달했는지 여부를 측정할 수 있는 검사 프로그램도 없었다.

대부분의 주에서는 이제 더 이상 그렇지 않다. 따라서 교사는 학생들이 원하는 배움의 기회를 제공해야 함을 분명히 하고, 또한 그것에 대해 책임을 져야 한다. 물론 교실 수업에 관한 한 기본적인 내용이상으로 가르치는 것은 전혀 문제 되지 않는다. 교사는 종종 가르치는 내용이 교육과정의 범위를 벗어나는 경우에도 학생들에게 중요하거나 흥미 있다고 생각하는 것을 가르칠 수 있다. 그러나 필수 학습 내용을 생략한 채 가르쳐서는 안 된다.

일치도 매트릭스와 수업 계획

교사는 수업을 일체화시키기 위해 수업 계획 및 다른 활동들이 의도되고 검토된 교육과정과 일치하는지를 확인해야 한다. 3장에 제시한 일치도 매트릭스는 유용한 도구이다. 매트릭스의 목적은 교사들이 성취기준, 교육과정 및 평가 목표를 시각적으로 한 장면에서 구성할 수 있도록 도움을 주는 것이다. 이 매트릭스는 교사가 가르칠 내용과 학생의 예상되는 배움에 관한 기본적인 사항에 집중하도록 도와준다. 또한 교사가 교육과정 내의 관계성을 확인할 수 있도록 하여 연간 수업 목표를 어떻게 조정해야 하는지를 더 잘 이해하게 도와준다. 그렇게 하고 나면, 수업 계획은 학생들이 꼭 필요한 정보를 배우는 것을 확인할 수 있는 최선의 방법이 된다. 교사는 학생의 필요에 따라 정보를 여러 가지 방식으로 가르칠 수 있다. 비록 학생들이 배워야 할 "내용"은 같을지라도, 수업을 통해 그 내용이 전달되는 "방법"은 매우 다를 수 있다. 가장 중요한 것은 이 매트릭스가 교사들이 성취기준과 목표를 기반으로 수업을 보다 더 잘할 수 있도록 돕는다는 것이다.

성취기준 기반/ 목표 기반 수업

교실에서의 수업 일체화를 위해 교사는 수업을 계획하고 실행하는 과정에서 목표 지향적이어야 한다. 교사는 분명한 학습 목표를 염두에 두고 수업을 시작해야 하며, 계획된 학습 목표와 부합하는 전략과 활동을 사용해야 한다. 대부분의 교실 수업은 일련의 활동들로 이루어져 있다. 먼저 교사는 학생들이 수행할 활동을 결정한다. 활동을 선택한 후에 (때로는 이미 배웠더라도) 교사는 교육과정 문서를 다시 살펴보고 활동과 수업 목표를 연결한다. 나는 이러한 접근 방식을 "활동 기반 수업"이라고 부른다. 즉, 교사는 자신이 원하는 학생들이 해야 할 활동을 선택하고 그 이후에 그 활동을 통해 학생들이 무엇을 배우게 될 것인지를 결정한다. 그런데 왜 이것이 최선의 수업 방식이 아닌가에 대해서는 분명하고도 다양한 이유가 있다. 예를 들어 교사는 그들이 선택한 활동과 연결되는 학습 목표가 교육 과정 문서에 없다는 것을 발견할 수도 있다. 활동 기반 수업은 종종 "될 대로 되라"는 식의 결과를 초래한다. 이러한 수업은 학습자들에 게 분절되고 파편화된 프로그램을 제공하는 것이고, 학생들이 배워야 할 개념들은 논리적이고 순차적이기보다는 무계획적으로 다루어진다.

교실에서 수업 실천을 일체화하려면 교사는 먼저 학생들이 배울 것으로 기대되는 것을 설정한 다음 그것을 가르치기 위한 최선의 활동을 결정해야 한다. 이러한 접근 방식은 성취기준 기반 또는 목표 기반 수업으로 알려져 있으며, 교사는 수업 전에 분명한 학습 목표를 설정해야 한다. 구체적인 학습 목표가 설정되고 그 목표가 명확하고 측정 가능한 행동 용어로 진술된 후에, 교사는 의도된 수업 목표에 일치하면서 그 목표에 도달하도록 도움을 주는 활동과 학습 경험을 선택할 수 있는 것이다.

이것은 쉽게 들릴지 모르지만, 많은 교사들이 가장 최근에 수준 높은 행동 목표를 만들어 진술해 본 시점은 대학 교육을 받았던 그 시절뿐이었다는 사실을 고려할 필요가 있다. 교사들은 수년 동안 교과서 중심으로 수업을 해 왔기 때문에 교과서와 교사용 지도서에 이미 활동과 일치하는 행동 목표가 포함되어 있다는 것을 알고 있다. 모든 교사에게 요구된 것은 교사용 지도서에 제시된 수업 활동의 수행이었다. 불행하게도, 현재 교과서에 진술된 목표는 학생들이 배워야 할 교육과정과 일치하지 않을 수 있다. 따라서 교사는 일상적인 수업에서 자신의 수업 목표를 개발할 준비를 해야 한다.

명확한 학습 목표 설정

명확한 학습 목표를 설정하려면 교사는 측정 가능한 용어로 진술할 수 있도록 목표를 구성하는 방법을 이해해야 한다. 이것이 바로 행동 목표이다. 대부분의 행동 목표는 학생들이 배우려는 내용과 목표를 달성하는 데 필요한 사고 과정에서 요구되는 복잡성의 수준을 반영한다. 40여 년 전 벤저민 블룸Benjamin Bloom은 사고 과정과 관련된 수준에 대한 광범위한 연구를 수행했다. 블룸에 의해 확인된 사고의 위계는 사고의 여섯 가지 수준을 포함하고 있으며 블룸의 분류학Bloom's Taxonomy, 1976으로 알려져 있다. [그림 4.1]은 이를 요약한 것이다.

첫 번째 열은 사고의 인지적 수준을 나타내고, 두 번째 열은 사고 수준을 정의하고, 세 번째 열은 학생이 특정 사고 수준에서 어떤 행동을 하는지를 설명하는 행위동사를 제시하고 있다.

- '지식'이란 단순한 기계적 기억이나 회상을 의미한다. 학생들이 포유류의 다섯 가지 특성을 나열한다면 그들은 사고의 지식이나 기억 수준에 있는 것이다.
- 그러나 학생들이 각 특성을 자신의 말로 묘사하거나 설명할

[그림 4.1] 블룸의 분류

수준	정의	행위동사
지식	기계적 기억, 회상하기	이름 짓다, 말하다, 나열하다, 진술하다, 반복하다, 라벨을 붙이다, 인식하다, 읽다
이해	이해하기	설명하다, 묘사하다, 다른 말로 표현하다, 요약하다, 보여 주다, 보고하다, 추론하다, 논의하다, 표현하다, 위치를 찾아내다
적용	새로운 상황에서 사용하기	사용하다, 구성하다, 만들다, 분류하다, 해결하다, 도형으로 나타내다, 전환하다, 각색하다, 적용하다, 모형을 만들다, 그리다
분석	분리하기, 부분 간의 관계 제시하기	구별하다, 비교하다, 대조하다, 분석하다, 검사하다, 결합하다, 분리하다, 실험하다
종합	부분을 결합하여 새로운 것 만들기	예상하다, 투자하다, 창안하다, 설계하다, 계획하다, 구성하다, 정렬하다, 가설을 세우다
평가	증거를 바탕으로 올바른 판단하기	판단하다, 정당화하다, 반박하다, 옹호하다, 평가하다, 비평하다, 감정하다, 결정하다, 타당화하다, 등급을 매기다, 측정하다

수 있다면 그들은 사고의 '이해' 수준에 있음을 보여 주는 것이다.

• 만약 다양한 동물의 그림들을 보여 주었을 때 학생들이 다섯 가지 특징을 토대로 포유류와 포유류가 아닌 동물을 분류할 수 있다면, 그들은 그들의 지식을 '적용'하는 것이다.

• 만약 학생들이 포유류와 포유류가 아닌 동물 사이의 닮은 점과 차이점을 설명할 수 있다면, 그들은 사고의 '분석' 수준에 있는 것이다. 이것은 학생들이 두 부분의 특징을 분리시켜서 관계를 인식한다는 것을 의미한다.

• 학생들이 이전에 지구에 생존하지 않았던 다섯 가지 특징

을 가진 새로운 포유류를 그려 낼 수 있다면, 그들은 사고의 '종합' 수준에 있는 것이다. 이것은 그들이 포유류에 관해 알고 있는 모든 것을 모아서 새로운 것을 창조한다는 것을 의미한다.

- 마지막으로, 학생들이 다른 학생들이 만든 포유류를 보고 그 것이 정말로 포유류인지 아닌지를 판단하고, 그 이유를 제시할 수 있다면 그들은 사고의 '평가' 수준에 있는 것이다. 이것은 학생들이 증거를 기반으로 타당한 판단을 할 수 있음을 의미한다.

오늘날 학생들은 단순히 정보를 알고 이해하는 능력이 아니라 높은 수준에서 사고할 수 있는 능력에 대해 평가를 받고 있다. 평가 장면에서 학생들이 받는 질문은 그들이 기억하거나 이해할 수 있는 것과는 거의 관련이 없다. 표준화된 성취도 검사 문항은 점점 더 학생들이 정보를 적용, 분석, 종합 및 평가할 수 있는 능력을 평가하도록 만들어지고 있다. 그 이유는 오늘날 우리가 정보에 쉽고 즉각적으로 접근할 수 있기 때문이다. 마우스 클릭만으로도 우리가 알고 싶은 모든 것을 찾을 수 있다. 따라서 오늘날의 학습자는 먼저, 정보에 접근할 수 있는 능력을 갖는 것이 중요하고, 그리고 더 중요한 것은 일단 그 정보를 얻고 나면 그 정보로 무엇을 해야 하는지를 아는 능력을 갖추는 것이다. 즉, 학습자는 이 정보를 새롭고 다른 상황으로 어떻게 전이轉移하고 적용해야 하는지를 알아야 한다. 이것은 또한 학습자들이 정보를 부분으로 나누어 분석하는 방법을 알고, 그 부분들 간의 관계를 알 수 있다는 것을 의미한다. 오늘날의 학습자는 정보를 종합하여 새로운 것을 만들어 내는 능력을 갖추어야 한다. 마지막으로, 학생들은 정보를 평가하고 그것을 바탕으로 타당한 판단을 내리는 방법을 알아야 한다.

그러므로 교사는 블룸의 사고 분류를 단순한 목록 이상으로 보아야 한다. 교사는 이러한 높은 수준의 사고 기능을 실제로 매일 수업에 적용할 수 있어야 한다. 이를 위해서 교사는 성취기준과 교육과정에서 목표를 분석할 수 있어야 한다. 또한 교사는 매일 수업을 위해 자신의 목표를 종합하고 만들어 낼 수 있어야 하며, 마지막으로 이러한 목표를 평가하고 학생들이 학습과정에 적절하게 참여하고 있는지를 판단해야 한다.

예를 들어 교사가 학생에게 포유류의 이름이나 포유류의 세 가지 특징을 제시하라고 요구했을 때, 학생이 포유류는 털이 있고 모유를 만들어 내며 새끼를 낳는다고 답했다면 이는 그 학생이 그러한 특징들을 알고 있다는 것을 의미한다. 그런 다음 새끼를 낳는 것이 무엇을 의미하는지 물었을 때 학생이 "잘 모르겠지만 포유류는 그래요"라고 대답했다면, 이것은 그 학생이 사고의 이해 수준에 있지 않다는 것을 의미한다. 즉, 학생은 포유류가 새끼를 낳는 것을 말할 수는 있지만 자신이 말하는 것을 진정으로 이해하지는 못한다는 것이다. 특히 학생들이 기억력이 좋으면 종종 그들이 이해할 수 없는 것들을 말할 수는 있다. 만약 학생들이 이해하지 못한다면 정보를 적용하고 분석하는 것이 실제로 불가능하다. 학습은 점진적인 과정이다. 우리는 우리가 모르는 것을 이해할 수 없으며 이해하지 못하는 것을 적용할 수도 없다.

교실에서 수업 일체화는 내용상의 문제가 아닐 때도 있다. 즉 교사는 올바른 내용을 가르치고 있지만 적합한 사고 수준에서는 가르치지 못할 수도 있다는 것이다. 학생들은 높은 사고 수준에서 평가를 받지만 많은 수업이 지식과 이해 수준을 넘어서지 못하는 수준에서 계속되고 있다. 교사는 높은 인지 수준에서 행동 목표를 명확하게 이해하고 작성할 수 있어야 한다. 이를 위한 한 가지 방법은 4개의 작은 정사각형으로 나뉜 상자 도구([그림 4.2])를 사용하는 것이다. 각 행동 목표에는 네 부분이 있다.

[그림 4.2] 행동 목표 구성을 위한 상자

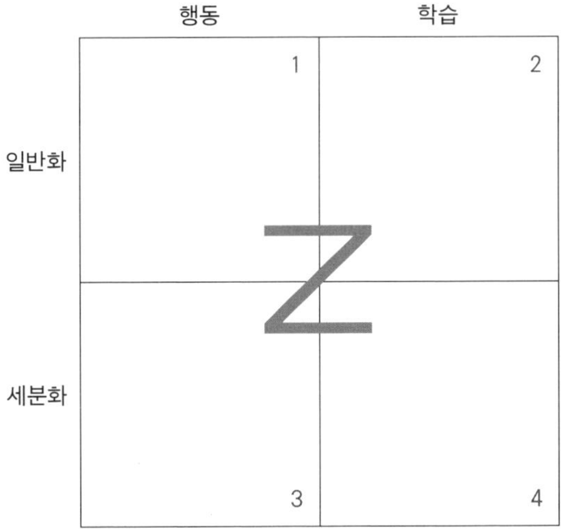

정사각형 1은 '사고 상자'이다. 이것은 '일반적인 행동' 또는 교사가 원하는 학생들의 '사고 수준'이다. 이것은 사고에 해당하는 부분으로 블룸의 사고 수준을 지칭하는 단어가 등장한다. 즉, 지식, 이해, 적용, 분석, 종합, 평가이다.

정사각형 2는 '일반적인 학습 상자'이다. 이것은 보통 수업과 관련한 포괄적인 부분으로 주제나 단원 제목 등과 같다. 예를 들어 일반 과학에서는 "생물", 생물에서는 "세포", 일반 수학에서는 "분수", 대수학에서는 "선형 방정식", 사회에서는 "세계의 상호작용", 어학에서는 "이야기 요소"가 포함된다.

정사각형 3은 '특정한 행동 상자'이다. 이것은 행동 상자로 학생들이 특정 수준에서 사고하고 있다는 것을 보여 주는 특정한 활동들을 지칭한다. 이것은 행동 상자이므로, 동사는 항상 세 번째 정사각형에서 나타난다. 정사각형 1과 3은 항상 연결되어야 한다. 예를 들어 "지식"과 "열거하기"는 연결된다. 왜냐하면 열거하기는 지식수준의 활동이기 때문이다. 다시 말해 이것은 학생이 무엇인가를 암기했고 그것을 목록으로 암송할 수 있다는 것을 보여 주는 것이다.

정사각형 4는 각 학년 수준의 학습 주제 또는 특정 교과 또는 범교과 영역에서 도출되는 '특정한 학습 내용'을 포함한다. 특정한 학습 내용은 일반적인 내용에서 비롯된다. 예를 들어, "포유류와 그 특성"은 "생물"이라는 일반과학 분야에서 파생하는 특정 내용이다. 이것을 행동 목표로 바꾸려면 정사각형의 1에서 2, 3, 4까지(Z 모양의 순서로) 읽어 가면서 단어를 채운다. 그렇게 만들어진 목표([그림 4.3])는 "학습자는 포유류의 세 가지 특성을 나열하여 생물에 대한 지식을 증명한다"이며 이것은 쉽게 측정할 수 있는 명확한 행동 목표이다.

[그림 4.3] 지식 수준의 행동 목표

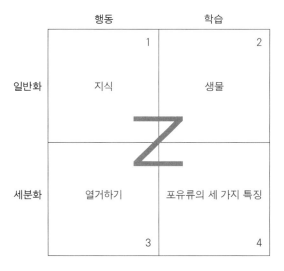

[그림 4.4] 이해 수준의 행동 목표

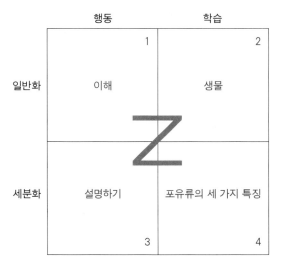

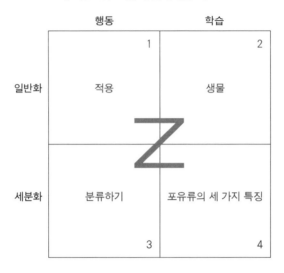

[그림 4.5] 적용 수준의 행동 목표

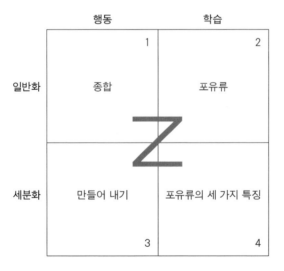

[그림 4.6] 종합 수준의 행동 목표

이 목표의 사고 수준을 이해 수준으로 바꾸려면 정사각형 1을 이해로 바꾸면 된다. 정사각형 1이 바뀌면 정사각형 3도 바꿔야 한다. 동사 "설명하다" 또는 "묘사하다"는 이해를 의미한다. 이제 목표는 "학습자는 포유류의 세 가지 특징을 설명함으로써 생물에 대한 이해를 증명할 것이다."

다시 말하지만, 이 행동 목표는 학생들에게 새끼를 낳는다는 것이 무엇을 의미하는지에 대해 글 또는 다른 학생들에게 설명하게 함으로써 측정할 수 있고, 그 결과 단순하게 특징을 나열하는 것보다는 높은 사고 수준임을 증명한다. 학생들이 자신의 지식을 적용하게 하려면 어떻게 해야 할까? 우리는 정사각형 3에서 "분류하다" 동사를 선택할 수 있다. 그러면 행동 목표는 "학습자는 세 가지 특성에 따라 포유류와 포유류가 아닌 동물을 분류함으로써 생물에 대한 지식을 적용할 것이다"로 바뀌게 된다([그림 4.5]).

이 목표는 정사각형 3의 동사를 "만들어 내다"로 바꾸면 간단하게 종합 수준으로 변경할 수 있다. 종합 수준에서의 목표는 "학습자는 지구에 생존하지 않았던 세 가지 특성을 가진 포유류를 만들어 냄으로써 생물에 대한 지식을 종합할 것이다"가 된다([그림 4.6]). [그림 4.2]~[그림 4.6]과 같이 목표를 바꾸어 가는 전체 과정 동안 변하지 않는 것은 내용이다. 변하는 것은 학생들이 사고하는 수준이며 그 결과 행동도 변하게 된다.

과제 분석

교사가 교육과정상의 목표를 구체적인 수업 계획으로 상세화할 때 사용할 수 있는 또 다른 중요한 도구는 과제 분석이다. 저명한 교육자이자 교육 연구자인 매들린 헌터Madeline Hunter는 과제 분석을 광범위한 학습 목표를 목표 달성에 꼭 필요한 핵심적인 학습 단계로 세분화한 다음 가장 단순한 단계에서부터 가장 복잡한 단계의 순서로 배열하는 것이라고 정의했다.Hunter, 1989 대부분의 경우 과제 분석은 아주 자연스러운 과정이다. 사실, 우리는 일상생활에서 끊임없이 과제를 분석하고 있다. 예를 들어 저녁 식사 준비를 위해 식료품을 구입하는 것이 우리의 목표라면, 우리는 자연스럽게 식료품을 사는 단계들을 나누기 시작한다. 우리는 다음과 같은 질문을 스스로 할 수 있다.

- 내가 할 일을 결정했는가?
- 필요한 식료품 목록을 만들었는가?
- 나는 어떤 가게에서 쇼핑을 할 것인지 결정했는가?
- 나는 몇 시에 가게로 갈 것인지 알고 있는가?
- 나는 몇 시에 집에 돌아올 것인지 알고 있는가?
- 나는 어떻게 가게에 갈지 결정했는가?
- 나는 물건 값을 어떻게 지불해야 하는가?

이러한 모든 단계는 저녁 식사 준비를 위해 식료품 구입이라는 전반적인 목표를 달성하는 데 필요하다. 또한 과제는 주어진 순서대로 수행되어야 한다. 내가 저녁 식사를 위해 어떤 음식을 준비해야 할지 결정하지 못했다면, 저녁 식사를 준비하는 데 필요한 식료품 목록을 만드는 것은 어려울 것이다. 만약 내가 준비할 어떤 특별한 음식이 있다면 쇼핑하는 장소도 달라질 것이다. 마찬가지로 교사는 학습 목표를 분석해서 목적 달성에 필요한 학습을 결정한 다음 정확한 수업 단계를 결정해야 한다. 헌터에 따르면, 과제 분석 과정에는 네 가지 필수 단계가 있다.

1. 학습 목표 결정하기

대부분의 교사에게 학습 목표는 기존의 성취기준, 평가지표 그리고 교육과정 지도서 등에 이미 결정되어 있다. 그러나 이러한 목표는 특정 수업에 적용하기에는 너무 포괄적이기 때문에 세분화되어 좀 더 구체화되어야 한다. 교사는 단순하게 성취기준과 일치할 수도 있고 아닐 수도 있는 활동이 아닌 명확한 학습 목표로 시작하는 것이 중요하다.

2. 학습 목표에 대해 명확하게 이해하기

교사는 대개 주 또는 지방교육위원회가 정한 학습 목표가 제시되어 있는 교육과정 문서를 가지고 수업을 준비한다. 때로는 교육과정 문서의 언어가 포괄적이고 모호할 수 있어서 익숙하지 않은 용어에 의존할 수 있다. 그래서 대부분의 주에서는 이미 학습 목표로서 주 단위의 성취기준을 규정하고 있기 때문에, 교사는 과제를 분석하기 전에 그 성취기준이 무엇을 의미하는지 확인해야 한다. 교사는 학습 목표와 학생의 숙달 정도를 결정하는 학습 목표를 어떻게 평가할 것인지를 분명히 하는 일이 중요하다.

3. 목표 달성에 필요한 학습 단계 확인하기

일단 교사가 포괄적인 학습 목표에 대한 명확한 이해를 하고 나면, 과제 분석 과정의 다음 단계는 목표를 필수적인 학습 단계로 세분화하는 것이다. 이것은 대개 "목표를 달성하기 위해 학생들이 알아야 할 것과 할 수 있어야 할 것이 무언인가?"라는 질문에 초점을 맞추는 브레인스토밍 과정의 모습을 취한다. 이 단계에서는 필요한 학습에만 집중하고 수업의 순서는 걱정하지 않는 것이 중요하다. 예를 들어 아날로그시계로 시간을 확인하려면 학생들은 먼저 1에서 12까지의 숫자를 인지하고, 긴 바늘과 짧은 바늘의 차이를 이해해야 한다.

4. 수업을 위한 학습 순서 정하기

필수 학습이 확인된 후, 과제 분석 과정의 마지막 단계는 수업을 위한 정확한 학습 순서를 정하는 것이다. 학습 순서는 대개 가장 단순한 것부터 가장 복잡한 것의 순서로 정해진다.

[그림 4.7]은 자유형 수영에 대한 비인지적 목표를 과제 분석한 것으로, 필수적인 학습 단계로 세분화되어 단순한 것에서 복잡한 것의 순서로 제시되어 있다.

이 목표는 물에 들어가는 가장 기본적인 시작 단계부터 세분화되

[그림 4.7] 자유형 수영의 과제 분석

단원 목표: 이 단원을 마치면 학습자는 수영장을 가로질러 50야드의 거리를 자유형으로 수영을 할 것이다.

과제 분석: 학습자는 … 할 수 있습니까?

1. 물에 들어갈 수 있습니까?

2. 숨을 멈출 수 있습니까?

3. 물 밖으로 얼굴을 들 수 있습니까?

4. 킥보드의 도움으로 발차기를 할 수 있습니까?

5. 적절한 팔 동작과 숨 쉬는 방법을 보여 줄 수 있습니까?

6. 팔 동작과 발차기를 조정할 수 있습니까?

7. 팔 동작과 숨쉬기, 발차기를 조정할 수 있습니까?

8. 도움 없이 적절한 자유형 기술로 10야드의 거리를 수영할 수 있습니까?

9. 도움 없이 적절한 자유형 기술로 20야드의 거리를 수영할 수 있습니까?

10. 도움 없이 자유형으로 30야드의 거리를 수영할 수 있습니까?

11. 도움 없이 자유형으로 40야드의 거리를 수영할 수 있습니까?

12. 도움 없이 자유형으로 50야드의 거리를 수영할 수 있습니까?

[그림 4.8] 사실과 의견에 대한 과제 분석

학습 목표: 학생은 이야기에서 발견된 사실을 통해 글쓴이의 의견을 정당화함으로써 글쓴이의 의견을 평가할 수 있는 능력을 입증한다.

과제 분석: 학습자는 … 할 수 있습니까?

1. '사실'과 '의견'이라는 용어를 정의한다.

2. 사실과 의견에 대한 예를 든다.

3. 어떤 문장을 사실이나 의견으로 분류한다.

4. 사실과 의견을 포함하는 문장의 예를 규정한다.

5. 저자의 견해에 대한 잘못된 추론이 무엇인지 결정한다.

6. 문장이 사실인지 의견인지에 대한 타당한 이유를 보여 준다(글쓴이의 의도를 활용해서).

7. 광고, 선전 등 다양한 자료에서 사실과 의견을 찾는다.

8. 저자의 견해를 설명한다.

9. 출처의 신뢰성을 평가한다.

10. 사실과 의견에 대한 지식과 전략을 완전히 이해해서 다양한 형태의 글로 표현한다.

11. 구절에 제시된 정보를 바탕으로 의견을 만들어 낸다.

12. 이야기에서 발견한 사실을 바탕으로 자신의 의견을 정당화하여 글쓴이의 의견을 평가한다.

어 있다. 교사가 인지 목표를 과제 분석할 때는 학생들이 그 목표를 달성하기 위해 알아야 할 일과 해야 할 일을 결정해야 한다. 이것은 더 나아가 무엇을 가르쳐야 하고 학생들은 무엇을 배워야 하는지를 명확히 하는 것이다. [그림 4.8]은 인지적인 과제 분석의 예를 보여 준다.

대부분의 교실에서 학생들의 지식과 기능이 다양하기 때문에 학생들은 주어진 시간의 과제 분석 척도에서 여러 다른 지점에 위치할 수 있다. 따라서 학습자의 개별 학습 요구를 충족시키기 위해 교사는 수업을 할 때 진단적이고 처방적이어야 한다. 교사는 개별 학생의 학습 요구를 정확하게 파악한 다음 적절한 수업을 통해 학생들의 특정한 요구를 충족시킬 수 있어야 한다.

최종 단계 수행

우리는 총체적 수업 일체화의 두 가지 필수적인 단계를 수행했다. 먼저 일치도 매트릭스를 이용해서 교육과정 목표와 평가지표를 조직하여 논리적인 순서로 배열했다. 다음 단계는 목표를 분석하는 것으로 목표를 세분화하여 필요한 사고 수준과 목표를 달성하기 위한 학습 순서를 제시했다. 앞으로 한 단계가 더 남아 있는데, 그것은 학생과 교사 모두에게 학생의 학습과정에 대해 피드백을 제공하는 정기적이고 효율적인 평가이다. 그 피드백이 표준화된 학업성취도 평가에서 학생의 수행에 성공적으로 영향을 미치려면 학업성취도 평가 자체는 물론 교육과정과 수업 전략과도 일치해야 한다. 총체적 수업 일체화를 위한 교실에서의 평가는 5장에서 다룬다.

5장

평가 일체화

교사는 학생들이 배워야 할 내용을 올바로 배웠는지 어떻게 판단하는가? 평가는 학생들이 어떤 필수 학습 요소를 습득했으며 학습 과정에서 학습해야 할 다음 단계는 어느 지점인지를 결정하는 데 도움을 주기 때문에, 총체적 수업 일체화에서 매우 중요한 역할을 한다. 대부분 평가 결과는 잠깐 검토된 후 서류 보관함으로 직행한다. 그러나 이 데이터는 학생의 학업성취도 향상도와 수업의 효율성에 유용한 정보를 제공할 수 있다. 이제 학생 평가 자료가 캐비닛의 서류 보관 서랍에서 나와 학생들의 학습을 도울 수 있도록 세상의 빛을 볼 시간이다.

평가의 두 관점

평가를 바라보는 두 가지 관점이 있다는 것을 이해하는 것이 중요하다. 한 가지 관점은 평가의 주된 목적이 흔히 말하는 학교의 "분류와 선발"의 임무를 돕는다고 보는 것이다. 이 기능을 수용하는 사람들은 시험 점수로 학생들의 등급을 매기고, 순위를 산출하고, 낙인을 찍으며, 추적하여 동질적 집단으로 분류하는 데 주안점을 둔다. 다른 관점은 평가의 주된 목적으로, 개별 학생의 요구를 충족시키기 위해 수업을 조정하여 학생의 학습에 관한 중요한 정보를 얻는 데 도움이 된다고 보는 것이다. 로렌스 레조트Lawrence Lezotte와 그의 동료 연구자들이 수행한 효과적인 학교 연구 결과를 보면, 매우 성공적인 학교들은 평가를 학생들을 분류하고 선발하기 위한 도구가 아닌, 학생들이 학습과정에서 어디에 위치하는지에 대한 귀중한 정보를 얻는 도구로 사용하고 있다. 이 정보는 개별 학생들의 요구를 충족시키기 위한 수업 프로그램을 조정하는 데 사용된다. 사실 레조트는 "학생의 학업성취도 향상을 위한 빈번한 모니터링"을 효과적인 학교들의 7개의 요인 중 한 가지 요인으로 제시한 바 있다. 그 의미는 다음과 같다. "효과적인 학교에서는 여러 가지 평가 절차를 통해 학생 학업성취도 향상이 빈번히 나타난다. 그 결과는… 개별 학생의 학습 성과를 향상시키고 수업 프로그램을 개선하는 데에도 사용된다."Lezotte & McKee, 2002, p. 207

더 자주 평가할수록 우리는 학생들에 대한 정보를 확실히 더 많이 얻을 수 있다. 효과적인 학교 연구를 수행했던 1세대 연구자들의 연구 결과를 보면 교실에서 교사가 학생의 학습 향상도를 면밀히 주시하는 것의 중요성을 언급하고 있다.Lezotte & McKee, 2006 교사는 모든 학생들이 이미 배운 것과 다음 학습 단계에서 배워야 할 것들의 관계에서, 현재 학생들이 어느 지점에 위치하는지 알아야 한다. 효과적인 학교 연구의 2세대 연구자들의 연구 결과를 보면, 학생들이 학습하면서 스스로 자신의 학습과정을 모니터링하도록 교사가 도움을 주는 일에 중점을 두고 있다. 이것은 학생들에게 학습의 주도권을 부여하여 그들이 잘 배운 것들과 다음에 배울 필요가 있는 것이 무엇인지 인식하도록 하는 것이다.Lezotte & McKee, 2006 이것을 실현할 수 있는 한 가지 방법은 '학습완성 단계표mastery grading chart'를 사용하여 학생들의 학습 향상도를 추적하는 것이다.([그림 5.1])

[그림 5.1] 학습완성 단계표

단원: 교사:								
학생명	학습 과제 1	학습 과제 2	학습 과제 3	평가	학습 과제 4	학습 과제 5	학습 과제 6	

학습완성 단계표에서 수업 단원의 필수 학습 요소는 단계표 상단에 나열된다. 교사는 단계표를 사용해 학생의 학습을 추적할 수 있으며 학생들은 개별 단계표를 사용해 자신의 학습 향상 정도를 기록할 수 있다. 교사는 학부모가 자녀의 학교 학습을 가정에서 지원할

수 있도록 가정 학습 과제를 제시할 수도 있다.

교사들은 교실에서 다양한 평가 절차를 사용해야 한다. 말할 것도 없이 우리가 가르치는 방식은 우리가 학생들을 평가하는 방식과 일치해야 한다. 우리가 시도하는 학생 평가 방법은 학생들이 배우기 원하는 것이 무엇인지에 달려 있다.

완전학습을 지향하기

자신의 개가 인디언송을 부를 수 있게 하는 방법을 안다고 허풍치는 한 사냥꾼이 있었다. 몇 년 동안 그의 허풍을 들은 사냥 친구들은 개가 노래하는 것을 듣기로 결정했다. 개 주인은 그 늙은 개를 트럭 뒤에서 데려와 옆에 앉혔다. 그 다음 사냥꾼은 개에게 노래하도록 명령했다. 그 개는 숨을 헐떡이며 꼬리를 흔들었다. 사냥꾼은 다시 한 번 그 개에게 노래를 부르라고 했다. 여전히 개는 앉아서 숨을 헐떡거리며 꼬리를 흔들고 있었다. 그의 친구들은 박장대소를 터뜨렸다. 그들은 말했다. "우리는 네가 그 개에게 노래를 결코 가르칠 수 없다는 것을 알고 있었어." 그 개 주인이 대답했다. "나는 개에게 가르쳤다고 말했지 개가 배웠다고는 말하지 않았네!"

오늘날 학생들이 필수적인 학습 능력을 습득하는 것이 그 어느 때보다 중요하다. 이제는 단순히 내용만 다루는 것으로는 충분하지 않다. 교사들이 가르치는 것뿐만 아니라, 학생들이 잘 배우는 것에 대한 전면적인 책임이 요구되고 있다.

완전학습이 일어나도록 가르친다는 것은 모든 학생들에게 필수적인 학습 능력을 습득하도록 필요한 시간과 적절한 지원이 제공되어야 한다는 것을 의미한다. 우리가 진정으로 단 한 명의 학생도 뒤처지지 않게 하려면 모든 학생들의 개별적인 필요를 충족시키는 프로그램을 학교에서 설계하는 것이 필수적이다. 우리는 모든 학생들이 같은 속도로 그리고 같은 방법으로 배우지 못한다는 것을 알고 있다. 성취기준 기반 수업에서는 학생이 최초의 배움에서 실패한다면 교사는 새로운 또는 다른 방식의 수업으로 다시 가르칠 준비를 해야 할 수도 있다. 형성평가-릭 스티긴스Rick Stiggins가 "학습을 위한 평가assessment for learning"라고 부르는 것-를 통해 교사는 다시 가르쳐야 할 것과 학생이 잘 습득한 것에 대한 귀중한 정보를 얻을 수 있다. 교사는 이러한 형성평가 결과를 분석하여 부족한 부분을 가르치거나, 아니면 강점을 강화시키도록 학생들을 유연한 능력 그룹으로 분류할 수도 있다.

교사는 무엇을 완전학습의 기준으로 할 것인지 결정할 수 있어야 한다. 이 결정은 종종 매우 주관적이기 때문에 기준은 교사마다 다를 수 있다. 한 교실에서는 완전학습이 된 상태로 간주되었지만 옆 교실에서는 그렇지 않을 수도 있다. 이 상황을 바로잡기 위해 교사는 학년 수준이나 내용 영역에 따라 함께 모여 동학년 수준에서 반드시 습득해야 할 특정 능력의 성취기준을 합의하는 것이 좋다. 일부 교육 지구에서는 분기별로 표준화된 성취도 평가를 시행하는 계획을 세우고 있다. 이 평가가 없다면, 학생들의 완전학습 상태에 대한 기대는 학교마다 다를 것이다. 이러한 평가기준에 근거한 평가 결과에 따라 교육지구 내 모든 학교의 모든 학생을 대상으로 급수표를 작성하여 완전학습의 기준을 설정한다.

평가 문항이 개별 교실의 교사, 동일한 내용 영역을 가르치는 동학년 교사들 또는 교육지구 등 어느 수준에서 개발되었는지 여부에 관계없이 고민해야 할 문제는 동일하다. 즉 "학생들이 배워야 할 학습 내용을 완벽하게 배웠다는 사실의 증거로 무엇을 받아들일 것인가?" 이다. 이러한 완전학습 상태의 판단 기준은 엄격해야 하고 주州 성취기준 및 평가기준과 일치해야 한다. 이를 위해 교사는 먼저 학생들이 배울 것으로 예상되는 것을 측정할 수 있는 적절한 평가 도구를 만들어야 한다.

평가 유형

평가에는 일반적으로 두 가지 유형이 있는데, 준거지향 평가와 규준지향 평가이다. 준거지향 평가는 미리 정해진 준거準據를 측정하기 위해 시행되는 평가이다. 예를 들면, 모든 주에 있는 차량관리국에서는 예비 운전자가 운전면허증을 발급받기에 충분히 능숙한 운전 상태인지 판단하기 위해 준거지향 평가를 시행한다. 예비 운전자가 자동차관리국에 편지를 써서 요청하는 경우, 특정 상황에서 안전 운전자가 알아야 하고 또 운전할 수 있는 모든 것을 담은 소책자를 보내줄 것이다. 마찬가지로, 학교에서는 교사가 수업 전에 측정해야 할 기준을 알고 있다. 평가는 학생이 명시된 학습 기준을 습득했는지의 여부를 측정한다. 대부분의 주에서는 특정 학년의 학생들에게 준거지향 평가를 실시하여 주 성취기준을 습득했는지 판단한다. 운전 면허증을 유지할 때 차량관리국에서 보내 준 소책자의 모든 정보가 실제 운전면허 시험에서 시험 문항으로 출제되는 것은 아니다. 그렇게 하면 너무 시간이 많이 걸릴 것이다. 오히려 시험은 미리 정해진 평가기준에 대한 질문의 표본이다. 마찬가지로 대부분의 학교는 학생들이 반드시 달성하도록 미리 정해진 성취기준을 숙달했는지 확인하기 위해 학생의 성취도를 표본으로 삼아 고안된 준거지향 평가를 실시한다.

많은 주와 지역의 교육지구는 학생들에게 국가 수준의 규준지향 평가를 시행하는 것을 선택하고 있다. 준거지향 평가와 달리, 이러한 평가들은 특정 주의 성취기준, 평가기준, 학습 기대치를 평가하도록 고안된 것이 아니다. 규준지향 평가의 목적은 동일한 평가를 받는 다른 학생과 어떻게 비교할 것인지를 알아내는 것이다. 따라서 규준지향 평가는 교육과정에는 없는 필수 능력을 측정하기도 한다. 이전에 논의한 바와 같이, 일치도 매트릭스는 교육과정에 어떤 학습 능력이 포함되어야 할 것인지와 어떤 학습 능력이 평가되어야 할 것인지를 결정하는 데 유용한 도구이다. 일반적으로 주州 평가 프로그램은 학생들의 학습 발달과 관련하여 1년이 끝나는 시점 또는 몇 년의 기간 중 학생들이 어느 발달 단계에 위치하고 있는지 측정하도록 설계되었다. 이를 총괄평가라고 한다. 학생들이 이러한 평가를 잘 수행할 수 있도록 교사는 학생들이 학습 목표를 달성하고 있는지를 확인하기 위해 교실 수준에서의 평가를 자주 하는 것이 중요하다. 학습 목표 달성 여부를 확인하기 위해 학년말까지 기다리는 것은 너무 늦다.

교실 수준 평가

비공식적 또는 공식적 평가에 이르기까지 학생들에 관한 중요한 정보를 얻는 데 사용할 수 있는 다양한 형태의 교실 수준 또는 교사 수준 평가가 있다. 비유를 하면, 우리가 자각 증상 없이 의사를 방문한다면 의사는 몇 가지 질문을 하고, 체온을 검사하며, 무엇이 잘못되었는지에 대해 간단히 추측함으로써 우리 건강을 비공식적으로 평가할 수 있다. 우리가 더 나아지지 않는다면, 우리는 대개 검사의 형태를 띤 정식 검사로 돌아간다.

비공식적 평가

교실에서 비공식적인 평가는 학생들이 공부하는 것을 보고, 듣고, 관찰하는 형태를 취한다. 또 다른 비공식적인 평가는 단순히 학생들이 배우고 있는 것에 관해 질문을 하는 것일 수 있다. 학생들의 대답은 교사에게 중요한 정보를 제공한다. 대부분의 교사들은 일상적으로 비공식적인 평가를 한다. 이러한 평가의 장점은 빠르고 쉽게 할 수 있다는 것이다. 점수를 매길 평가지나 읽어야 할 과제물이 없다. 이 비공식적 평가의 한 가지 단점은 교사가 관찰 중에 알아내는 것과 학생의 질문이 항상 문서화되지는 않는다는 점이다. 또한 미리 지정된 채점기준표가 없는 관찰을 할 경우, 교사는 보다 주관적인 판단을 내릴 수 있다. 나중에 교사에겐 학생의 학습 진도에 대한 종합적인 판단을 내리기 위해 공식적인 자료의 보다 정확한 기록이 필요할 수도 있다. 관찰-"나는 조니가 저번 수요일에 하는 것을 봤기 때문에 그것을 할 수 있다는 것을 안다"-은 충분하지 않을 수 있다. 또 다른 고려 사항은 비공식적인 평가가 공식적인 평가가 수행하는 것처럼 학생들이 알고, 학생들이 할 수 있는 것에 대한 정확한 설명을 제공하지 못할 수도 있다는 것이다.

공식적 평가

의사가 좀 더 정확한 정보를 얻기 위해 공식적으로 검사를 지시하는 것처럼, 교사는 학생이 필수 학습 능력을 습득했는지 여부에 대한 증거를 얻기 위해 정기적으로 학생을 평가할 수도 있다. 교사는 학습에 대한 책임을 져야 하기 때문에 학생들에 대한 정보를 얻기 위해 공식적인 평가를 사용하는 경우가 많다.

교사가 자주 사용하는 공식적인 평가 중 하나는 지필평가다. 이 평가는 진위형, 연결하기형, 빈칸채우기형, 선다형, 개방응답형, 또는 논술형의 형태를 취한다. 지필평가는 학생들이 알고 있고, 할 수 있는 것에 대한 중요한 정보를 제공할 수 있어서 학생의 진도를 측정하기 위해 교실에서 자주 사용된다.

학생의 학습에 관해 우리가 알고 싶은 것과 평가가 서로 일치하도록 하는 것이 중요하다. 예를 들어 진위형 질문은 쉽게 작성하고 점수를 매기기 쉽지만, 정답이 단순히 추측한 것일 가능성이 항상 있다. 많은 진위형 평가가 기본 지식만 측정할 수 있는 방식으로 구성된다. 학생들이 더 높은 수준에서 사고할 수 있는 능력을 측정하고자 한다면, 다른 형태의 평가가 더 적절할 것이다. 연결하기형과 빈칸 채우기형 질문은 일반적으로 낮은 수준의 사고 능력을 측정하도록 설계되었다. 그러나 적합하게 평가 문항이 설계된 경우 선다형, 개방형, 논술형 평가는 고차원적 사고 기술을 평가할 수 있는 훌륭한 방법이다. 선다형 평가는 쉽고 빠르게 점수를 매길 수 있다. 많은 주에서 이 형식을 주(州) 성취도 평가의 기본 형식으로 사용한다. 개방응답형 및 논술형 평가는 교사에게 중요한 정보를 제공해 준다. 그러나 미리 정해진 채점기준표와 비교하여 읽고 채점하는 데 시간이 걸린다.

교실에서의 또 다른 종류의 평가는 어떤 종류의 수행을 통해 숙련도를 실제로 입증하는 방법이다. 수행평가의 정확한 예는 체육 수업이다. 농구를 배우는 학생은 공을 드리블하거나 자유투를 함으로써 그 기능을 습득했다는 것을 보여 주는 수밖에 없다. 가장 좋은 평가는 학생이 자신의 기능을 실제로 보여 주는 것을 평가하는 것이다. 교사는 지필평가를 통해 학생들의 게임에 대한 지식과 게임 규칙에 대한 이해도를 평가할 수 있다. 수행평가의 또 다른 예는 고등학교 생물 교사가 현미경을 효과적으로 사용하는 능력을 평가하기 위해 학생들에게 슬라이드를 제작하고, 적절히 배치하여 조명하며, 초점을 맞춰 보게 하는 것이다.

수행평가에 앞서 교사는 학생의 학습 도달 여부를 측정하기 위해 사전에 작성된 채점기준표를 설정해야 한다. 학생들은 평가 전에 이

채점기준표를 알고 있어야 한다. 이러한 유형의 평가가 주는 추가적인 이점은 학생들이 동료 학생들 앞에서 발표하는 자신감을 얻게 해 준다는 것이다.

또 다른 형태의 수행평가에는 집단 및 개별 프로젝트가 포함된다. 학생들은 특정 지식과 기능을 필요로 하는 프로젝트를 진행함으로써 특별한 학습 능력을 습득했음을 보여 줄 수 있다. 예를 들어 4학년 과학에서 차트나 포스터를 만듦으로써 자신이 생명 순환의 개념을 습득했다는 것을 보여 줄 수 있다. 또는 고등학생 그룹이 상호 협력하여 교량을 설계함으로써 물리 및 수학 원리를 통합하고 적용하는 능력을 보여 줄 수도 있다. 교사는 뛰어남, 능숙함, 수준 이하임을 결정짓는 세부 사항이 명시된 사전 채점기준표를 통해 학생의 학업 성취 수준을 평가한다. 프로젝트 과제 해결을 위한 팀 협력은 사실 삶의 기술로서 매우 중요한 능력들인데, 평가를 통해 이러한 이점 또한 얻을 수 있다.

구두 발표도 학생의 완전학습 상태를 평가하는 데 사용된다. 이러한 작업은 학생 개별적으로 또는 팀 단위로 수행할 수 있다. 다른 종류의 수행평가와 마찬가지로, 교사가 채점기준표를 사전에 작업하여 수립해야 하고 학생들에게 그 기준을 명확히 밝혀 학생들에게 발표에 필요한 핵심 능력을 이해시켜야 한다. 채점기준표에 명시된 기능과 내용 특성들이 학습 성취기준 및 절차적 기능과 일치하여 교육과정과 표준 학업성취도 평가와 연계되도록 주의해야 한다.

많은 교사들이 학습 목표를 달성하기 위해 학습자 개인의 학습 향상도를 추적하는 수단으로 포트폴리오 평가를 사용한다. 포트폴리오는 일정 기간 동안 학생의 성장을 보여 주는 훌륭한 방법이다. 학생들에게 자신의 최고 산출물을 선택할 수 있게 함으로써 자신감을 얻고 자신이 성장하고 나아진 것을 확인할 수 있게 한다.

제출 기일 제한을 두고 부과되는 몇몇 학생 산출물에 적용할 수 있는 표준화된 채점기준표는 학생과 교사 모두에게 일관된 평가 피드백을 제공한다. 특정 과제 해결을 위한 채점기준표를 고안하는 것보다 훨씬 도전적일 수 있지만, 이러한 표준화된 채점기준표가 보여 주는 평가의 일관성은 학생들의 산출물로 가득 찬 다른 포트폴리오 폴더와 실제 포트폴리오 평가를 구별한다.

학생 과제 수행 과정을 녹화 또는 녹음하면 교사는 일종의 실물 평가 포트폴리오를 만들 수 있다. 예를 들어 교사는 1학년 학생들에게 학년 초에 간단한 문장을 읽게 하고, 학년 중간에는 더 복잡한 구절을 읽게 하고, 학년말쯤에는 선택한 전체 이야기를 오디오 테이프로 녹음할 수 있다. 발표를 녹화하거나 학생들에게 녹화된 발표 영상을 제출하게 하는 것도 비슷한 목적이다. 그러나 단순히 이 기술을 사용할 목적으로 녹음과 녹화를 활용하는 함정은 피하는 것이 좋다. 다시 말해 이 프로젝트의 기술 및 행정적 요구 사항이 평가로서의 가치를 쉽게 떨어뜨릴 수도 있다. 다시 말하면, 체계화된 채점기준표로 평가를 시작하면 학생의 학습을 평가하는 데에 초점을 맞출 수 있을 것이다.

기초 수준에서 강조되는 초기 학습 능력들을 평가하기가 어려울 수 있다. 교사들은 때때로 학생의 일화 기록을 평가 수단으로 사용한다. 유치원 교사는 학생들이 놀이 시간 동안 보여 주는 특정 능력을 기록하기 위해 메모지를 지참하기도 한다. 학습 기능, 시간, 날짜가 기록되고 그 학생의 학습 기록으로 남는다.

이 목록은 교사가 학생들의 학습 향상에 대한 지속적인 피드백을 제공하기 위해 사용하는 다양한 종류의 교실 평가 중 하나일 뿐이다. 모든 종류의 기능과 학습에 적합한, 유일한 평가 방법은 없다. 재미있고 매력적인 학습 경험과 신뢰할 수 있는 학생 수행 데이터를 제공하는 평가를 설계하기 위해서는 교사의 창의력이 필요하다. 이러한 지속적인 평가 작업을 통해 교사는 적극적인 연구자가 되며, 학생의 학업성취에 대한 유용한 정보 탐색이 습관과 짐작으로 평가했던 과거의 방법을 대체해 줄 것이다. 그것은 낡은 수업 실천에 새로운 수준의 전문성과 효과성을 더해 줄 것이며, 교사는 더 이상 해마다 발표되는 시험 점수 결과를 두려워하지 않을 것이다. 대신 교사들은 학생들이 무엇을 배웠는지 알게 될 것이다.

표준 학업성취도 평가

일부 학교와 교육지구는 각 아홉 번째 주 후반에 학생들을 대상으로 표준 학업성취도 평가를 실시한다. 여러 교육지구에서 확인할 수 있듯이 표준 학업성취도 평가가 없다면 학생들의 완전학습 도달에 대한 기대 수준이 학교마다 다를 것이다. 같은 학교 내에서도 교사마다 다를 수 있다. 즉, 한 교실에서 A수준의 성과로 간주되는 것이 옆 교실에서 C수준의 성과로 간주될 수 있다. 다음은 내가 교장으로 재직했던 도심 지역 초등학교의 사례다.

　그 학교 대부분의 학생들은 가난하고 혜택 받지 못한 가정환경에 처해 있었다. 나는 공부를 매우 열심히 했던 5학년 학생 한 명을 기억한다. 학업성취도 측면에서 그는 최고의 학생 중 한 명으로, 성적표에 적힌 각 점수가 연속적으로 A학점이었다. 2분기(두 번째 9주) 후, 그가 우리 학교에서 다른 학구로 이사 가게 되었다는 것을 알게 되었다. 나는 슬펐다. 그러나 그가 가장 눈에 띄는 지역에 있는 훌륭한 새 학교에 다닐 예정이라는 것을 듣고 나니 기뻤다. 이 새 학교의 교장은 나의 친한 친구였다. 나는 그에게 전화를 걸어 그 학생의 지속적인 성공을 위해 그에게 최고의 교사를 배치해 달라고 부탁했다. 3분기(세 번째 9주) 후, 나는 그 학생의 성적표 결과를 알아보기 위해 학교에 전화했다. 실망스럽게도 나는 친구로부터 그 학생이 네 개의 C학점과 두 개의 B학점을 받았다는 이야기를 들었다. 나는 소리쳤다. "그건 옳지 않아! 그 학생은 이 학교에서 항상 전 과목 A학점을 받았다고." 내 친구가 답하기를 "글쎄, 그 학생은 우리 학교에서 평균 수준이야." 이러한 상황은 채점 과정의 주관성을 드러낸다. 우리 학교의 A학점 산출물에 대한 기대치는 그 학교의 A학점 산출물 기대치와 달랐던 것이다.

　총체적 수업 일체화에서, 교육지구 차원의 표준 학업성취도 평가는 학생들의 학업성취도 수준을 평준화하는 역할을 한다. 교육지구 차원의 표준 성취도 평가를 수행하기 위해 교사는 한 분기(9주) 동안 수업 지침을 따르는 것에 동의해야 한다. 그 수업 지침에 따라, 교육지구는 일반적으로 학년 후반 또는 과정 후반에 치르는 주州 표준 성취도 평가처럼 동일한 형식으로 엄격한 평가를 실시한다. 이 분기별 평가는 지정된 분기(9주) 동안 배운 필수 학습 내용을 측정하도록 설계되었다. [그림 5.2]는 학생들이 4학년 읽기에서 분기별로 습득해야 하는 필수 학습 내용을 보여 준다.

[그림 5.2] 4학년 읽기 표준 학업성취도 평가

1분기 (1~9주)	2분기 (10~18주)	3분기 (19~27주)	4분기 (28~36주)
장르: 시	장르: 소설	장르: 비소설	장르: 연극
1쪽 구절 읽기	2쪽 구절 읽기	3쪽 구절 읽기	4쪽 구절 읽기
기초이해	일반화하기	본문 분석	접미사
비유어	이야기 구조	개략적으로 훑어보기	상세히 훑어보기
주요 개념	비교/대비	인과관계	벤 다이어그램
결과 예측	추론하기	반의어	동음이의어
사실과 의견	내 생각 연결 짓기	관련 정보 파악	결론짓기
저자의 견해	요약	접두어	구문 연결 짓기
결론짓기	용어사전/사전 찾기	동의어	조직양상
KWL 차트	단어망	그물망	검토
표준 학업성취도 평가 1	표준 학업성취도 평가 2	표준 학업성취도 평가 3	표준 학업성취도 평가 4

첫 번째 표준 학업성취도 평가는 1분기(첫 번째 9주)의 필수 학습 내용을 측정한다. 두 번째 표준 학업성취도 평가는 2분기(두 번째 9주)의 필수 학습을 측정하고 그리고 복습 자원에서 1분기(첫 번째 9주)의 몇몇 필수 학습 내용을 표본 조사한다. 마찬가지로, 3분기(세 번째 9주)

표준 학업성취도 평가는 3분기(세 번째 9주)의 모든 필수 학습을 측정하고 1분기 및 2분기 교육 기간의 필수 학습 내용을 표집하여 측정한다. 네 번째 평가는 실제로 주州 성취도 평가가 될 것이다. 이러한 표준화된 시험은 문제은행에서 또는 주 성취도 평가에서 예전에 발표된 문제를 사용하여 쉽게 개발될 수 있다. 스캐너 시트를 이용하여 표준 성취도 평가를 실시하고 결과 처리를 할 수 있는 기계장치가 학교 내에 존재하는 경우, 교장 및 교사는 표준 성취도 평가 시행 직후 그 결과를 받을 수 있다. 교장과 교사는 수행된 각 학급과 학년 수준이 어떠한지에 대한 평가 요약 결과와 각 학생에 대한 능력별 분석을 얻을 수 있다. 또 학습 교정 및 학습 보충을 위해 이러한 결과를 즉시 사용할 수 있다.

학생들을 대상으로 한 정기적인 표준 학업성취도 평가는 학교와 교사에게 많은 이점을 준다. 교육지구 차원의 표준 학업성취도 평가는 교육지구 내 학생들의 완전학습 도달 상태에 대한 기대 수준을 비슷한 수준으로 유지하는 데 도움을 준다. 또한 학생들이 필수 학습 능력 습득에서 어느 위치에 있는지를 알아보기 위해 교장과 교사들이 공식적인 평가를 하도록 세 가지 중요한 기회를 제공한다. 첫째, 교사들은 그 결과를 분석함으로써 교수教授에 대한 정보를 얻고, 둘째, 학생에 관한 특별한 교정矯正 및 강화 정보를 받는다. 마지막으로, 분기별 시험을 통해 학생들은 실제 학년말 평가 전에 실제 시험을 보면서 연습할 수 있는 세 번의 기회를 얻는 셈이다.

시험 치는 능력 가르치기

학생들이 평가를 치를 준비가 되지 않았을 때 많은 일들이 발생할수 있다. 몇 년 전 나는 캘리포니아 주 평가지로 보는 시험을 거부한 해리라는 매력적인 학생을 기억한다. 그는 시험지 질문에 답하기를 거부했을 뿐만 아니라 실제로 불만에 가득 차서 시험 책자를 갈기갈기 찢어서 바닥에 내던졌다. 그 아이에게 시험을 치지 않는 이유를 묻자, 그는 시험이 공정하다고 생각하지 않기 때문이라고 말했다. 나는 의아해서 그가 왜 캘리포니아 주 평가지로 보는 시험이 불공정하다고 생각하는지 물었다. 그는 빠르게 외쳤다. "나는 캘리포니아에가 본 적이 없기 때문입니다."

다행스럽게도 해리의 경우, 학생을 위한 표준 학업성취도 평가가거의 없었던 시기에 이런 일이 발생했다. 만약 누군가가 지금 해리와같은 거부를 했다면 다음 학년 수준에 도달할 수 있는 기회를 박탈당할지도 모른다. 오늘날 많은 학생들은 해리가 했던 것처럼 혼란스럽고 두려움을 주는 표준 학업성취도 평가의 형식과 경험을 여전히쫓아가야 한다. 학생들이 자신이 알고 있는 것을 중요한 시험에서 증명할 수 있도록 시험에 대한 대처법을 학생들에게 제공하는 것은 총체적 수업 일체화 과정의 중요한 부분이다.

시험 상황에서 학생들이 어려움을 겪을 경우 학생과 교사 모두 한해 동안 충분한 노력을 기울이지 않은 것일 수도 있다. 학생이 두 번째 문제에서 막히는 바람에 시간이 지나가 시험을 보지 못했다면, 실제로는 시간이 부족해서 놓친 다른 문제들에 대해 답할 수 있었을지도 모른다. 한 학생이 지시문을 다 알고 있다고 스스로 가정하고 그 지시문을 제대로 읽지 않는다면 그 학생은 모든 질문에 잘못된 방법으로 답할 수도 있다. 이와 같은 문제는 학생과 교사 모두를 좌절시킨다. 학생들이 배운 적이 없는 것을 평가하는 것은 잘못된 것이며, 이것은 시험 형식과 내용 모두에 적용되는 문제이다. 학생들이 시험이 중요한 이유를 배우고 시험을 치를 때 최선을 다할 수 있는 능력을 개발하도록 도와주는 것은 중요하다.

학생들이 "자신이 아는 것을 보여 주기"위해서는 시험을 치르는 능력을 갖추도록 적절히 준비를 해야 한다. 교사는 시험을 치르는 기술을 정규 교육 프로그램에 통합해 운영하는 것이 상대적으로 쉽고 매우 유익하다는 것을 알게 될 것이다. 특히 학생들은 시험 형식 이해, 어휘 개발 및 스트레스 관리 기술 향상에 특별한 관심을 기울이면 시험 상황에서 유리해진다.

시험 형식

표준화된 시험을 성공적으로 치르려면 학생들은 구두 또는 서면으로 주어진 여러 단계의 지시를 따라야 한다. 그들은 스스로를 조절하고 시간 배당을 적절하게 할 수 있어야 한다. 한 문제와 씨름하며 너무 많은 시간을 할애하면 규정된 시간이 다 되어 다른 문제를 놓칠 수도 있다. 학생들이 압박감 아래 공부하는 방법을 배우는 것이 중요하다. 연습을 통해 학생들은 시험을 완료하는 데 필요한 속도에 익숙해질 수 있으며, 한 문제에 너무 많은 시간을 할애하고 있다는 것을 인식하는 법을 배우게 된다. 교사는 교실에서 정규 수업 중에 에그 타이머를 사용하여 활동 시간을 재며 이 기술을 쉽게 연습하도록 도울 수 있다. 다른 시험 기술로는 학생들의 생각을 체계화하고, 답을 스캐너 시트로 전송하며, 공통된 시험 표시 및 기호를 인식하는 능력을 향상시키는 방법이 있다. 오랜 시간 동안 집중력을 유지하는 것도 중요한 시험 치르는 기술이다. 어떤 학생들에게는 잘 깎은 연필 두 자루를 책상 위에 가지런히 놓는 것도 중요한 시험 기술이 되기도 한다. 우리는 학생들이 이러한 시험을 치르는 기술과 그와 유사한 기술들을 시험을 한 주 앞두고는 배울 수 없다는 것을 알고 있다. 성공적으로 시험을 치르려면 그 기능들이 학년 초부터 정규 교육 프로그램의 일부가 되어 학생들이 배울 수 있도록 해야 한다.

어휘

학생들이 표준화된 평가에서 최선의 결과를 얻으려면 많은 읽기 어휘를 습득하고 있거나 아주 어린 학생의 경우 많은 시각적 어휘를 습득하고 있어야 한다. 즉, 학생들은 수많은 낱말의 의미를 알고 있어야 하며 단순히 낱말을 맞추기만 해서는 안 된다. 평가 문항에 어떤 낱말이 선정되어 출제되는지 알 수 없으므로 이것은 매우 중요하다. 예를 들면, 한때 나는 인지검사를 받는 한 학생을 관찰하고 있었다. 낱말 유추 문제는 다음과 같았다. "Nut is to shell as pea is to _____?" 나는 이 똑똑한 5학년 학생이 "leaf"라고 답을 했을 때 놀라움을 금치 못했다. 그날 이후, 나는 그 학생에게 왜 "Nut is to shell as pea is to pod."라고 대답하지 않았는지 물었다.

5학년 학생은 당황한 표정으로 나를 쳐다보면서 말했다. "왜 완두

콩을 학교 건물에 집어넣으세요?" 이 학생에게 포드pods: 'pod'는 콩꼬투리를 뜻하기도 함-옮긴이 주라는 낱말은 "포드pods"라는 이름의 건물에 교실을 만든 학교에서 사용해 본 것이 유일한 경험이었던 것이다. 이 학생은 교장이 매일 여러 차례 '포드'라는 건물로 전화해 식당으로 보고하라고 하는 것을 들었던 것이다. 이 도심의 아이는 콩꼬투리를 까 본 경험이 전혀 없었다. 이 경우 학생이 유추할 수 없다는 것이 아니다. 문제는 단순히 필요한 어휘의 부족이었다.

스트레스 관리

시험을 잘 치르려면 학생들은 시험을 치르는 데 따르는 스트레스를 조절할 수 있어야 한다. 스트레스는 적절한 식사, 휴식 및 운동을 통해 조절할 수 있다. 교사는 평가가 있기 전에 미리 학교 또는 가정에서 학생들이 영양가 높은 식사를 하게 할 수 있다(평가 전날 부모에게 메모를 보내는 것은 하나의 전략이다) 교사는 완만한 구부리기와 스트레칭으로 책상 옆에서 운동하게 함으로써 학생들이 긴장을 풀게 도울 수도 있다. 교사는 심호흡 운동과 조용하고 차분한 음악 듣기 같은 이완 기술을 통해 학생들이 스트레스를 완화하도록 도울 수 있다. 스트레스를 덜어 줄 수 있는 또 다른 방법은 학생들이 눈을 감고 자신들이 완전히 평온하고 편한 느낌을 주는 평화로운 환경에 있다고 상상해 보는 것처럼 시각화 기법을 사용하는 것이다.

물론 학생과 교사가 스트레스와 불안을 조절하는 가장 중요한 방법 중 하나는 자신감을 갖고 평가를 잘 준비하게 하는 것이다. 교사는 학생들에게 지금까지 열심히 공부해 왔으며 이제는 시험을 치를 준비가 되어 있다는 확신을 줄 수 있다. 일반적으로 어떤 상황에 대해 준비가 잘되었다고 느낄수록 우리는 스트레스를 적게 받는다.

실천하기

평가는 분명히 총체적 수업 일체화 과정에서 중요한 역할을 한다. 일체화된 교실 평가는 학생들이 완전한 배움 상태에 도달하도록 학생과 교사의 힘을 집중시키므로, 학생들은 표준 학업성취도 평가에서 좋은 결과를 얻을 수 있다. 빈번한 학생 평가를 통해 교사는 개별 학생을 위한 수업 교정矯正 및 전체 학교 프로그램 개선에 사용할 유용한 정보를 얻을 수 있다. 학년말 평가에서 교사는 학생들이 1년 동안 필수 학습 능력을 얼마나 잘 습득했는지에 대한 중요한 정보를 얻을 수 있다. 그러나 학년말까지 기다리기는 너무 늦다. 교사는 핵심 지식, 기능 및 개념에 대한 학생의 향상도를 파악하기 위해 연중 내내 과정 평가를 작성해야 한다. 이러한 형성평가는 가르치는 내용에 따라 다양한 형식을 취한다. 지필평가를 사용하든 학습 기능 시연과 같은 참평가authentic assessment를 하든, 교사는 평가 결과 정보를 사용하여 학생을 위한 프로그램을 조정調整할 수 있다.

지금까지 우리는 총체적 수업 일체화 과정의 자취를 성취기준에서 시작해서 학생의 학습 성공에 이르는 과정으로 살펴보았다. 이제 몇 가지 중요한 질문을 제기할 때가 되었다. 그 질문은 다음과 같다. 어떻게 이런 일이 일어나게 만들 수 있을까? 우리가 어떻게 해야 수년간 학생들의 성장과 학습에서 성공을 유지할 수 있을까? 학생들의 성공을 보장하기 위해 어떤 종류의 지원과 리더십이 필요할까? 마지막 장은 총체적 수업 일체화의 성공적인 구현에 없어서는 안 될 요소에 초점을 맞추고 있다. 그것은 바로 리더십이다.

6장

리더십과 혁신

교육계에 종사하는 교육자라면 교육 혁신이 항상 시도되고 있다는 사실을 알고 있다. 이러한 혁신 중 일부는 긍정적인 결과를 낳았지만, 사실 대부분 긍정적인 성과를 보여 주지 못했다. 그 결과 일부 교사들은 새로운 혁신교육의 시도에 조심스러운 태도를 취하면서 의심의 눈초리로 그 상황을 바라본다. 새로운 시도가 "올해의 새로운 것"으로만 비쳐지기도 한다. 마침내 교육자들은 저자가 TTSP("This too shall pass", 이것도 역시 지나가리라!) 증후군이라고 부르는 증상으로 고통받게 되었다. 이러한 교육자들은 새로운 혁신교육 시도에 참여하기보다는 한 발 물러서서 그 변화가 지나기기를 기다린다. 총체적 수업 일체화가 성공적으로 이루어지려면 단지 또 다른 혁신 시도 중 하나가 되어서는 안 된다. 총체적 수업 일체화는 학생의 배움이 달라지고 또한 학생의 배움에 긍정적인 영향을 미친다는 것이 입증된 성공 사례를 가진 유의미한 변화다.

　학교장들도 알다시피 긍정적이고 지속적인 변화는 우연히 발생하지 않는다. 과거와 똑같은 낡은 통로로 빨려 들어가지 않도록 누군가는 비전, 방향, 에너지를 제시해야 한다. 리더십이야말로 총체적 수업 일체화가 성공적으로 실행될 수 있는 가장 중요한 요인이다.

　총체적 수업 일체화 과정은 단위 학교 교장의 강력한 리더십을 통해 성공적으로 실행될 수 있다. 학교장이 학교의 핵심 리더 교사와 협력하여 총체적 수업 일체화 과정을 계획, 조직, 실행할 때 가능한 것이다. 실행 과정에서 정책 집행, 절차, 예산 편성, 전문성 계발, 그리고 학교 내 다른 핵심적 기능 등도 변화해야 할 것이다. 학교장은 단위 학교의 총체적 수업 일체화 실행에 직접적인 영향력을 행사할 수 있는 최고 의사결정 권한이 있다. 이것이 성공하기 위해서는 비전의 공유, 팀워크, 그리고 지속성이 필요하다. 헌신적인 리더십이 동반되지 않는다면 일체화 과정은 붕괴될 것이고 학교는 여느 때처럼 업무 중심의 비즈니스 체제로 복귀하게 될 것이다. 이것은 학교장이 독재자 또는 교활한 장사꾼이 되어야 한다는 의미가 아니다. 사실은 그 정반대의 상황이 옳다. 일체화 과정의 핵심은 참여적 관리이다. 교사가 총체적 수업 일체화의 중요성을 이해하고 있고 교실에서 실천할 때 필요한 지식과 기능을 가지고 있으면 그들은 본래의 성격에 부합하는 일체화 과정을 실행할 수 있을 것이다. 교사가 수업 일체화를 하는 목적은 그들이 해야 하기 때문이 아니라 그렇게 하고 싶어서 하기 때문이어야 한다. 역설적으로 합의된 공동체는 강력한 리더의 증표이다.

학교장의 역할

학교장의 리더십은 학교 내 모든 교직원에게 공유되어야 하지만, 그 역할은 단순하게 대체될 수 없다. 예산 편성과 집행, 시설과 자원, 학사 일정, 그리고 교사에게 미치는 영향 등에서 어떤 교직원도 학교장과 동등한 능력을 가지고 있지 않다. 그것은 어느 누구에게도 위임될 수 없는 역할이다. 학교장의 능동적 참여는 총체적 수업 일체화의 성공적인 실행 여부를 결정하는 가장 중요한 요인이다. 학교장이 총체적 수업 일체화를 추진하거나, 또는 아이디어 단계의 혁신적 시도를 실제 성공적인 학교 혁신으로까지 실천하여 그것이 학교문화의 일부분으로 자리 잡게 하는 방식에는 여러 가지가 있다. 학교장은 다음에 제시하는 기준을 중심으로 교직원을 이끌어야 한다.

- 항상 최초의 마음가짐에 집중하기
- 일체화 과정이 실행되도록 지원하기
- 항상 정보와 자원에 쉽게 접근할 수 있도록 허용하기
- 과정을 모니터링하기
- 동기 부여하기

최초의 마음가짐에 집중하기

수년 전에 나는 집중의 힘에 대해 교훈을 얻은 적이 있다. 나는 그때 수의사를 만나는 것을 정말 좋아하지 않는 고양이를 기른 적이 있다. 힘들고 무리한 여행 후 고양이의 엑스레이 촬영을 하게 되었

다. 나는 수의사에게 촬영실에 고양이를 남겨 두고 떠나도 되겠느냐고 물었다. 왜냐하면 어떤 일이 벌어질지 알고 있었기 때문이다. 그 수의사는 고양이는 괜찮을 것이며 자신이 엑스레이 촬영을 하고 있는지도 모를 것이라고 나를 안심시켰다. 수의사가 테이블 반대편으로 고양이를 밀어내면서 미끄러뜨리기 시작할 때 나는 놀라운 광경을 바라보고 있었다. 내 고양이는 테이블 아래로 떨어질 것을 염려했는지 자기가 움직이는 방향을 똑바로 쳐다보았다. 수의사가 엑스레이 촬영을 할 때 으르렁거리는 소리는 물론 눈도 깜박이지 않았다. 내 고양이는 테이블에서 떨어질까 봐 엄청난 집중을 하고 있었던 것이다!

이런 모습은 총체적 수업 일체화를 실행할 때 학교장이 가져야 할 일종의 한결같은 마음가짐과도 같다. 학교장은 일체화 과정에 집중해야 할 뿐만 아니라 교직원, 학생 그리고 그 학교의 학업성취도 향상을 중요시하는 전체 학교 공동체에도 집중해야 한다. 학교장은 학습 교정 프로그램이나 보육처럼 수업에 영향을 미치는 모든 학교 기능은 그 과정과 일치되어야 한다는 사실을 명심해야 한다. 총체적 수업 일체화를 핵심적인 수업의 지향점으로 만든다는 것은 수업의 질과 학생들의 성공적 학습에 도움이 되지 않는 일상적인 학교의 산만함(예를 들어 무의미하게 바쁘기만 한 행정업무 또는 수업이나 학습과정과 관련성이 적은 시간 때우기 식 프로그램 등)을 어느 정도 감소시켜 줄 것이다.

학교장은 총체적 수업 일체화의 중요성에 대해 교사와 함께 소통하면서 그 과정을 시작해야 한다. 나는 학교장이 중요하다고 믿는 신념은 대부분 곧 교사가 중요하다고 믿는 신념이 된다는 사실을 알게 되었다. 그 과정의 핵심 요소는 일상적인 교육 활동, 교직원들의 협의, 그리고 학년 또는 교과의 교육과정 계획 등이 기반이 되어 형성된다. 학사 일정, 예산, 교사의 권한 등과 같은 영역에서는 다음과 같은 질문이 항상 제기되어야 한다. "여기서 내리는 이 결정이 우리 학교 학생들의 학업성취 능력 향상에 어떻게 도움이 되지?" 공식적이든 아니면 비공식적이든 모든 대화의 틀에서 논의되는 수업과 관련한 문제는 총체적 수업 일체화 관점에서 다뤄져야 한다.

일체화 과정 실행하기

학교장이 총체적 수업 일체화 과정을 지원할 수 있는 또 다른 방법은 그 실행 과정에 조형적 역할을 하는 것이다. 교사들이 질 높은 전문성 발달의 경험을 하도록 그들에게 필수적인 지식과 기능을 제공하는 것은 매우 중요하다. 학교장이 반드시 제공해야 할 또 다른 핵심 자원은 시간, 즉 교사가 동료와 함께 만나서 계획을 세울 수 있는 데 필요한 시간이다. 현명한 관리자 한 명이 이렇게 말한 적이 있다. "당신은 시간을 잃어버린 적이 없으니, 그 시간을 찾아낼 수도 없을 겁니다. 재능을 부여받지 못했으니 시간을 창조해 낼 수도 없을 겁니다. 당신이 할 수 있는 일이라곤 당신에게 주어진 시간을 중요하게 생각하고 그 시간을 현명하게 사용하는 것뿐입니다." 이 말의 핵심은 우리가 가진 시간의 재분배다. 보통 사람들은 자신이 중요하다고 생각하는 일을 하는 데에 시간을 사용한다. 총체적 수업 일체화를 활성화하기 위해서 전체 교직원 회의하기, 동학년 수준과 혼합 학년 팀 수준에서 계획 세우기, 그리고 교사 교육과정 개발하기의 날을 정해서 운영하기 등으로 구분하여 시간을 사용하는 것이 현명하다.

정보와 자원에 쉽게 접근할 수 있도록 허용하기

교사 연수 프로그램 운영 도중에 나는 한 교사 팀에게 무언가를 설명하면서 교육과정 문서를 들고 있었다. 어떤 교사 한 명이 손을 들더니 그 교육과정 문서가 어떤 것인지 물었다. 나는 그 문서가 선생님들이 소속된 교육지구의 교육과정 지침이라고 말했다. 그녀는 숨이 멎을 만큼 놀라며 한 번도 그 지침을 본 적이 없다고 말했다. 이 일이 있은 후 나중에 알게 되었지만 그 교사는 학교로 돌아가 그 지침이 있는지 찾아보았다. 결국 찾아낸 교육과정 지침은 창고로 사용되는 문이 잠긴 낡은 화장실에 보관되어 있었다. 교육과정 지침 상자는 한 번도 열린 흔적 없이 그대로 있었던 것이다.

이처럼 필요한 정보는 너무나 찾기 쉬운 곳에 늘 있었던 경우가 많다. 사용하지 않는 연구실이나 교장실 서랍 속에 숨어 있기도 한다. 사용되지 않은 정보는 무가치한 정보보다 더 최악이다. 이 상황은 혁신을 시도할 때 비생산적인 결과를 초래한다. 따라서 학교장의 주요한 책임은 총체적 수업 일체화 과정이 활성화될 수 있도록 학교 내에서 정보의 순환이 원활하게 되고 있는지 검토하는 일이다. 모든 교사가 교실에서 수업 일체화를 하는 데 필요한 정보에 쉽게 접근할 수 있도록 학교장이 확인하는 것도 중요하다. 이 정보는 데이터가 담긴 보고서, 교육과정 문서, 교사 수준의 교실 교육과정, 수업 지도안,

그리고 학생 평가와 학생 성장에 관한 자료들일 것이다. 학생 평가에 관한 데이터 자료는 이해할 만한 형식이어야 하며 필요에 따라 영역별로 분석될 수 있어야 한다. 특히 데이터의 결과 자료는 학생들의 학습 및 성장 형태와 경향을 교사가 수년 동안 반복해서 확인할 수 있도록 허용되어야 한다. 이와 더불어 그 데이터에서 자료를 추출해 정확하고 적절한 학교 내 및 학교 간 비교를 하는 것도 학교장의 책임이다. 명심해야 할 것은 학생들이 시험을 치르는 목적은 교사를 평가하여 교사 간 서열을 매기는 것이 아니라 학생의 학습을 향상하기 위해서라는 점이다.

과정을 모니터링하기

모니터링 과정은 총체적 수업 일체화를 위해 학교장이 수행해야 할 또 다른 핵심적인 역할이다. 정기적으로 검토해야 할 사항들은 관례적으로 그냥 그렇게 되는 경우가 있다. 총체적 수업 일체화가 교사 효과성에 대한 공식적인 평가로서 기반이 되어야 하지만 비공식적인 교실 장학의 일부분도 될 수 있어야 한다. 목적에 부합하는 모니터링을 위해 학교장은 교사가 수업하고 있는 교실에서 하루 내내 시간을 보내야 한다. 총체적 수업 일체화는 사무실 책상 위에서 가능한 일이 아니다. 이것은 학교장이 매일 각 교사의 교실에서 시간을 보내야 한다는 것을 의미한다. 대부분의 학교장들은 이것이 가능하지 않을 것이다. 학교장이 수업 일체화가 얼마나 잘 이루어지고 있는지를 빨리 알아차릴 수 있는 경우는 바로 교실을 방문할 때이다.

학교장이 교실을 방문하여 수업을 관찰할 때 찾아야 할 중요한 수업 기준 네 가지가 있다.

- 성취기준 기반/목표 중심 수업
- 일치성
- 분석적-처방적 접근
- 학생 학습과정에 대한 수시 모니터링

성취기준 중심/목표 중심 수업

먼저 학교장은 교사가 성취기준과 교육과정을 기반으로 한 각각의 수업에서 명확한 목표를 설정했는지 증거를 찾아야 한다. 나는 내가 막 학교장으로 부임했을 때 처음 참여했던 수업 관찰과 수업 협의를 기억하고 있다. 그 선생님이 교장실로 들어왔을 때 나는 그녀에게 커피 한 잔을 마실 것인지를 물었다. 그녀에게 커피를 가져다주기 위해 교장실을 나설 때, 나는 그녀에게 책상 위에 있는 교육과정 성취기준 책자를 열어서 내가 방금 관찰한 수업과 관련 있는 학습 목표를 확인해 보라고 했다. 내가 사무실에 다시 돌아왔을 때 그녀는 여전히 책장을 넘기고 있었고 매우 당황한 표정이 역력했다. 그녀는 자신이 한 수업과 관련한 성취기준이 있었는지 몰랐었던 것이다. 그러면서도 수년 동안 동일한 수업 활동을 학생들과 함께 해 왔던 것이다. 나는 그 교사에게 학생들이 반드시 배워야 하는 필수 학습 내용을 넘어서서 가르치는 것이 문제가 아니라는 점을 상기시켰다. 중요한 것은 이러한 필수 학습 내용만을 가르치고 그 학습 내용을 넘어서는 수업을 하지 않는다는 점이다.

일치성

두 번째 기준은 학습 목표와의 일치성이다. 수업에서 제공되는 학습 정보가 학습 목표와 일관성 있는 상태로 제시되고 있는가? 수업 중 질문과 학습 활동은 학생들이 목표에 도달하도록 도움을 주고 있는가? 교사가 수업 중 질문할 때와 학생의 학습 활동 지도에서 사용하는 언어의 동사를 들어 보면 수업에 몰입된 사고의 복잡성이 어느 정도인지 알 수 있다. 예를 들어 교사가 학생들에게 두 가지 정부 형태의 유사점과 차이점을 비교해 보라고 요구할 때, "비교하다"라는 동사는 학생들에게 분석적 사고 수준을 발휘하라는 신호를 보내는 것이다.

진단적/처방적 접근

학교장이 눈여겨보아야 할 세 번째 기준은 수업에 대한 진단적/처방적 접근이다. 즉, 교사의 관심이 전체 학생은 물론 학생 한 명 한 명의 개별화된 학습 요구를 충족하는 데에 있어야 한다. 단지 학습 목표가 교육과정 지침이나 성취기준 문서에 있기 때문에 교사가 가르쳐야 한다는 것을 의미하지는 않는다. 어떤 학생은 이미 배워야 할 내용을 알고 있을 수 있지만, 또 다른 학생들은 배워야 할 지식이나 기능을 아직 습득하지 못했을 수도 있다. 만약 수업 초기에 학생들의 선행 지식을 평가할 시간을 갖는다면, 그 수업은 적정한 학습 난이도 수준을 가진 수업일 가능성이 높아진다.

몇 년 전, 나는 훌륭한 유치원 수업을 관찰할 기회가 있었다. 교사는 학생들에게 수업이 끝날 즈음에는 일반적인 농장의 동물을 구별할 수 있을 것이라고 말했다. 이 동물들은 돼지, 닭, 말, 수탉, 암소였다. 교사가 학생들에게 각각의 플라스틱 모형 동물을 보여 주자, 학생들은 자신의 책상 위에서 교사가 보여 준 것과 똑같은 플라스틱 동물을 집어 들었고, 동물들의 이름을 반복해서 말했다. 학생들은 완벽하게 협동했으며 플라스틱 동물을 들고 있는 것이 즐거워 보였다. 한 가지 유일한 문제점은 이 학교가 시골에 있었다는 것이다. 이 교실에 있는 학생들 모두는 이미 그 교사가 가르치는 내용을 알고 있었다. 사실 그 어린이들 중 일부는 틀림없이 그날 등교하기 전에 그 동물 중 일부에게 먹이를 주고 왔을 것이다! 내가 그 교사에게 왜 그 수업 내용을 선택했는지 묻자, 그녀는 무심한 듯 대답했다. "왜냐하면 그 수업은 교육과정 지침에 있는 목표였어요." 만약 그 교사가 수업 전에 학생들의 사전 지식을 검토할 수 있었다면, 그녀는 그 수업이 불필요하다는 것을 알았을 것이다. 그녀는 학습 과제 수준을 높이거나 아니면 완전히 다른 수업을 설계하기로 결정했었을 수도 있다. 교실에서 수업을 일체화하기 위해서 교사는 자신의 수업에 진단적이고 처방적이어야 한다.

학생의 학습과정을 수시로 모니터링하기

마지막으로 학교장은 교사가 전체 수업 전개 과정에서 학생들의 학습을 수시로 모니터링하고 있는지 확인해야 한다. 학생들이 학습하고 있는지 확인하기 위해, 교사는 모든 학생들을 대상으로 규칙적인 피드백 전략을 사용해야 한다. 이것은 수업 과정에서 학생들이 어느 정도의 향상을 보이는지 적합한 의사결정을 내리기 위한 것이다.

마치 간호사가 환자 한 명 한 명을 체크하고 환자의 상태에 따라 적합한 처치 상태를 결정하는 것처럼, 교사는 학생 한 명 한 명이 학습 과정에서 어느 지점에 위치하고 있는지를 확인해야 하고 필요에 따라 수업 전략을 변경해야 한다. 교사는 교실 궤간 순시를 하면서 이 과정을 수행할 수 있으며 과제를 수행하는 학생들 모습을 관찰할 수 있다. 교사는 또한 학생들이 토론하는 소리를 듣거나 학생들에게 자신의 질문에 답하라는 신호를 보낼 수도 있다. 수업 중 학생들이 학습과정의 어느 지점에 위치하고 있는지 알게 되면, 수업 중 조정이 가능해져서 모든 학생들이 현재 배움을 일으키고 있다는 사실을 확인할 수 있다.

학교장이 교사의 수업을 관찰하고 소통하기 위한 네 가지 기준을 사용할 때, 강력한 공통 언어가 등장할 것이다. 이 공통 언어는 수업과 학생 학습에 대해 교사와 행정가들이 빠르고 자유롭게 소통할 수 있는 구조를 제공한다.

동기 부여하기

변화를 성공적으로 관리하는 학교장은 동기의 힘을 이해하고 있다. 총체적 수업 일체화에 대한 명료하고 일관된 비전, 그리고 학생 학습의 중요성에 대해 학교 구성원이 서로 소통하도록 하는 것이 바로 이 역할의 핵심이다. 교직원, 학생, 학부모 그리고 지역공동체 등 모든 학교 구성원은 이 비전을 공유해야 한다. 이것을 수행하기 위해 학교장은 각종 데이터 자료와 교육 목표에 매우 친숙해져야 한다.

학교가 혁신의 방향으로 변화되어 갈 때, 효과적인 리더는 성공적인 혁신이 일어날 때마다 그것을 알아차리고 축하한다. 내가 한때 교장이었을 때 혼자 학교 지붕에서 점심을 먹곤 했다. 그것은 학년말 시험에서 성적이 향상되었을 때 학생들이 학업성취도 향상 성공을 축하하기 위해 선택했던 방법이었다. 장학사는 사다리를 타고 지붕으로 올라와 나와 함께 피자를 먹었는데, 그 피자는 학부모회 회장이 개인적으로 나에게 배달해 준 것이었다.

불행하게도 우리는 혁신의 과정에서 항상 성공을 거두는 것은 아니다. 가끔 실패하기도 한다. 동기부여자로서 학교장은 이 실패를 기회로 삼아 다시 총체적 수업 일체화 방법을 적용하고, 그 방법을 강화해야 한다. 문제점을 기회로 삼아 혁신의 과정에서 더 배우고 한 걸음 더 나아가는 것이 중요하다. 학교장은 이 과정에서 도출된 데이터들이 일관성 있는 혁신 수행 피드백을 주고 있음을 깨닫도록 학교 구성원들을 확신시켜야 한다. 총체적 수업 일체화는 교사와 학생 모두에게 긍정적인 결과를 낳을 것이다. 우리는 수업이 일체화되지 않으면 학생들에게 어떤 일이 발생할 것인지를 알고 있기 때문에, 일체화 과정에 참여하지 않는 것은 선택 사항이 아니라는 점을 모든 사람에 명확하게 인식시켜야 한다.

교직원의 리더십 형성하기

학교장 리더십의 중요한 특성과 효과적인 학교 연구 결과에 의하면, 학교장은 진실로 수업 상황에서 리더 중의 리더다.Lezotte & McKee,

밀도 있는 리더십(우둔한 리더십과 혼농하지 마시길!)은 종체적 수업 일체화의 중요한 일부분이다. 비록 학교장은 학교라는 공간에서 최고 위치에 있는 행정가이지만, 홀로 그 직책을 수행할 수 없다. 심지어 가장 에너지가 넘치고 열정적인 리더라고 하더라도 일체화 전 과정의 압박감을 감당할 수는 없다. 총체적 수업 일체화는 단순히 테크닉의 적용이 아니다. 그것은 교육에 관한 구성적인 사고방식이요, 교사의 영혼과 마음에서 변화를 이끌어 갈 수 있는 것이다. 이러한 일이 일어나기 위해서는 교사는 일체화 과정을 자기 것으로 용인하고, 또 그것을 용인하기 위해 어느 정도 본인이 그 과정에 참여하고 있다는 사실을 체감해야 한다.

다행히도 총체적 수업 일체화 과정에는 교사 리더십 향상에 도움을 주는 자생적 내부 요인들이 있다. 교사는 교육과정, 수업, 평가 연계성 모형의 구안과 분석, 교육과정의 수직적 계열성 분석, 교실에서 활용할 수 있는 공통 평가 문항 개발, 그리고 수행과제 데이터 분석에 참여할 수 있다. 학년 수준, 교과 수준, 또는 혼합 학년으로 구성된 팀 수준에서 교사들이 일체화 과정의 한 영역을 직접 담당하면서 추진할 수 있는 기회가 많다. 또한 교사들은 학교 내 일체화 과정을 모니터링하고, 진행 도중에 일체화 과정을 수정하여 설계하고자 할 경우 필요에 따라 도움을 주기도 한다. 학교장에게 교사 리더들은 전문성 계발을 돕고 그 전문성을 직접 드러내어 타 교사의 모범이 되도록 표현한다는 측면에서 헤아릴 수 없을 만큼 귀중한 존재이다. 교사 리더들이 일체화 과정을 이끌어 가는 데 더 많은 역할을 할수록, 일체화의 성공 확률은 더 높아진다. 교사들이 교사 리더십 과정에 적극적으로 참여할 때, 교사 상호 간 동기유발이 가능해지고, 일체화 과정 자체에 대한 이해도가 높아지며, 혁신 과정의 방관자로 남고 싶은 유혹이 감소된다.

첫발 내딛기

내가 학교장으로 처음 부임했던 학교는 도시의 중심부에 있었다. 이 학교의 학생들은 학교에서 몇 블록 떨어진 곳에 위치한 공공주택 단지에 살고 있었다. 학생들의 98퍼센트는 매우 가난하고 불리한 환경에서 살고 있는 어린이들이었다. 학생들의 표정은 밝았으며 대부분 매일매일의 학교생활을 즐기는 듯 보였다. 이 학교의 교사들은 심성이 착하고 성실하게 근무했다. 그러나 그들이 노력한 결과는 표준화 시험을 볼 때마다 매번 드러나지 않았다. 해마다 학생들의 시험 성적 결과는 평균 이하를 밑돌았다. 결국 많은 교사들이 실망하여 평균 이하의 시험 성적을 현실로 받아들이기 시작했고, 심지어는 낮은 성적이 나올 것이라고 당연하게 예상하기까지 했다. 나는 이러한 좌절을 경험한 후 변화를 위한 준비가 필요하다고 느꼈다. 그래서 효과적인 학교를 만드는 과정에 대해 배울 수 있는 강연회에 참여했다. 그 강연회에는 학생들의 학업성취 향상을 위해 우리 교사들이 할 수 있는 무언가가 있었다.

현재는 유명해진 효과적인 학교 운동의 선구자인 로렌스 레조트 박사가 낭시 상연회의 기조 연설자였다. 강연회 도중에 그는 내가 근무하는 학교와 매우 유사한 상황에 있는 한 학교에 대해 말했다. 그 학교에 재학하는 학생들 대부분은 매우 가난했다. 학교의 위치가 말 그대로 거리에서 총알이 난사되고 마약이 거래되는 지역에 있었던 것이다.

레조트 박사는 나의 사고방식을 완전히 바꿔 놓는 중요한 질문을 했다. 교사와 교육청 행정가로 이루어진 청중들에게 그가 설명한 학교 학생들의 시험 평균 점수가 몇 점이나 되는지 맞혀 보라고 했다. 50점 이하라고 말했더니 거의 모든 사람들이 손을 들었다. 다시 40점 이하라고 말했더니 여전히 사람들이 손을 들었다. 레조트 박사는 학교 상황, 다시 말해 교사, 학교장, 그리고 학교 교육과정에 대해서는 한마디도 언급하지 않았다. 그가 말한 것이라곤 학생들이 처한 학습 환경, 즉 학생들이나 학교가 극복할 수 없는, 대부분 외적 환경이었다. 여전히 청중들은 그 학교에 다니는 학생들에 대한 선입견이 있었다.

중간 휴식이 끝난 후 이어진 강연에서 레조트 박사는 그 학교의 시험 평균 점수가 90점 이상이라고 말했다. 순간 강연회장은 정적에 휩싸였다. 그 학교가 치른 시험에서 우리 학교의 평균 시험 점수는 30점이었다.

그날 오후에 나는 강연 내용을 곰곰이 생각해 보았다. 그리고 학교에 돌아가서 레조트 박사가 설명한 학교의 전화번호를 찾아 방문 일정을 잡았다. 6개월 후 나는 교사 몇 명과 메릴랜드로 일곱 시간짜리 여행을 떠났다. 우리는 그 학교를 1일 방문했다. 우리는 교실에 앉아 교사들이 학생들을 가르치고, 또 학생들이 공부하는 모습을 보았다. 학교장, 교사, 학생, 학부모를 만나 그 학교 교육 프로그램에 대해 이야기를 나누었다. 시험 성적 데이터를 보고 교직원들이 어떻게 그 데이터를 수업 개선에 활용하는지 논의했다. 우리는 그 학교 학생들이 우리 학교 학생들과 차이가 없고, 그 학교가 처한 환경도 우리 학교와 차이가 없다는 것을 알게 되었다. 그러고 나니 우리도 그 학교처럼 탁월한 학업성취를 달성할 수 있을 것이라는 사실이 더욱 확실하게 다가왔다.

늦은 오후 우리는 집으로 향하고 있었다. 운전석에 앉아 나는 확실히 많은 생각을 했다. 그리고 나는 밴 자동차의 창문이 위로 올라갔다 내려가는 소리를 들었다. 교사들은 창문 밖으로 자신들의 변명을 내뱉고 있었다. 한 교사는 "마지막으로 했던 이야기 들었어요? 가난하고 불리한 가정환경 때문에 학생들이 평가에서 얼마나 낮은 점수를 받는지에 관한 것이었어요. 우리는 더 이상 가정환경을 변명으로 사용할 수 없어요!" 아마 길 위에서의 긴 여행과 우리가 그 학교에서 보았던 흥분으로 인해 작은 희망의 불빛이 만들어지고 있었을 것이다. 뒷좌석의 교사들은 오랫동안 가난한 학생들의 낮은 학습 결과를 당연한 것으로 받아들이게 만든 변명을 지워 버리면서 자신들만의 의식儀式을 만들고 있었던 것이다.

이것이 총체적 수업 일체화를 통해 효과적인 학교를 만들게 된 긴 여정의 출발이었다. 그리고 우리 학교의 학생들은 우리의 노력으로 인해 긍정적인 학업성취도 결과를 얻게 되었다. 이제 나는 사람들에게 말하길, 혹시 메릴랜드 주와 노스캐롤라이나 주 사이 95번 고속도로를 운선할 때면, 그날 우리가 그 고속도로 길가에 남겨 두고 온 변명들을 눈여겨 찾아보라고 할 것이다.

총체적 수업 일체화는 교육자들에게 질 높은 수업과 효과적인 학교의 실천 원칙을 기반으로 한 일체화 과정에 대해 상식적이고 일반적인 접근법을 제공해 준다. 나의 일체화 작업은 전국의 수천 명의 교사와 교육행정가와 함께 하는 것이며, 이들이 실제 교실과 학교, 교육지구에서 실천할 수 있는 유의미하고 창의적인 총체적 수업 일체화 방법을 찾아낼 때마다 계속적인 진화를 거듭해 나갈 것이다.

총체적 수업 일체화의 궁극적인 목적은 학생들의 학습에서의 성공과 성장이다. 이것은 많은 사람들의 노력과 실질적인 작업이 뒤따라야 가능한 일이지만, 교사와 학교장이 용기와 지혜, 그리고 능숙한 기능을 갖춘다면 무리없이 진행될 것이다. 학생들이 스스로 학습한 것에서 배움을 일으킨다는 것은 상식적인 사실이다. 만약 필요한 시간과 자원이 제공되기만 하면, 우리가 모든 학생들은 배울 수 있다는 진리를 믿는다면, 우리는 모든 교실에서 이러한 일이 일어날 수 있다는 확신을 갖고 힘이 닿는 한 모든 것을 해야 한다.

Abbott, S. (1997). *Standardized testing*. Westminster, CA: Teacher Created Materials, Inc.

Block, P. (1991). *The empowered manager*. San Francisco: Jossey-Bass.

Block, P. (1993). *Stewardship*. San Francisco: Berrett-Koehler Publishers.

Bloom, B. S. (1976). *Human characteristics and school learning*. New York: McGraw Hill.

Brookover, W. B. (1996). *Creating effective schools* (Rev. ed.). Holmes Beach, FL: Learning Publications.

Carroll, J. B. (1963). A model for school learning. *Teachers College Record, 64*, 723-733.

Covey, S. (1990). *The 7 habits of highly effective people*. New York: Free Press.

Covey, S. (1992). *Principle centered leadership*. New York: Simon & Schuster.

Covey, S. (1994). *First things first*. New York: Simon & Schuster.

Cummings, C. (1990). *Teaching makes a difference*. Edmond, WA: Teaching, Inc.

Cummings, C. (1996). *Managing to teach* (2nd ed.). Edmond, WA: Teaching, Inc.

Deming, W. E. (1982). *Out of crisis*. Cambridge: Massachusetts Institute of Technology.

Dolan, W. P. (1994). *Restructuring our schools: A primer on systemic change*. Kansas City: Systems & Organization. Solution Tree 117.

Economic Research Service. (2000, September). *A history of American agriculture*, 1607-2000. (ERS-POST-12.) Washington, DC: Author.

Flippo, R. (1988). *Testwise: Strategies for success in taking tests*. Belmont, CA: Fearon Teacher Aids.

Fullan, M. G. (1991). *The new meaning of educational change*. New York: Teachers College Press.

Gagne, R. M. (1987). *Instructional technology: Foundations*. Hillsdale, NJ: Lawrence Erlbaum Associates, Inc.

Gentile, J. R. (1988). *Instructional improvement: Summary and analysis of Madeline Hunter's essential elements of instruction and supervision*. Oxford, OH: National Staff Development Council.

Guskey, T. (1985). *Implementing mastery learning in the classroom*. Belmont, CA: Wadsworth.

Hunter, M. (1982). *Mastery teaching*. El Segundo, CA: TIP Publications.

Hunter, M. (1989). Madeline Hunter in the English classroom. *English Journal*, 78(5), 16-18.

Hunter, M., & Russell, D. (1990). *Mastering coaching and supervision*. El Segundo, CA: TIP Publications.

Hutchins, R. M. (1972). Conflict in *education in a democratic society*. Westport, CN: Greenwood Publishers Group.

Jacobson, J., Olsen, C., Rice, J. K., Sweetland, S., & Ralph, J. (2001). *Educational achievement and black-white inequality*. Washington, DC: National Center for Educational Statistics.

Jasmine, J. (1997). *How to prepare your middle school students for standardized tests*. Huntington Beach, CA: Teacher Created Materials.

Lezotte, L. (1991). *Correlates of Effective Schools: The first and second generations*. Okemos, MI: Effective Schools Products, Ltd.

Lezotte, L. (1994). *Essential prerequisites for achieving school reform*. Okemos, MI: Effective Schools Products, Ltd.

Lezotte, L. (1997). *Learning for all: What will it take?* Okemos, MI: Effective Schools Products, Ltd.

Lezotte, L., & Jacoby, B. (1992). *A guide to sustainable school reform: The district context for school improvement*. Okemos, MI: Effective Schools Products, Ltd.

Lezotte, L., & McKee, K. (2002). *Assembly required: A continuous school improvement system*. Okemos, MI: Effective Schools Products, Ltd.

Lezotte, L., & McKee, K. (2006). *Stepping up: Leading the charge to improve our schools*. Okemos, MI: Effective Schools Products, Ltd.

Lezotte, L., & Pepperl, J. (1999). *The Effective Schools process: A proven path to learning for all*. Okemos, MI: Effective Schools Products, Ltd.

National Education Commission on Time and Learning (1994). *Prisoners of time*. Retrieved October 10, 2006, from www.ed.gov/pubs/ PrisonersOfTime.

New standards, same old teaching. (2000, February 16). *USA Today*.

Pritchett, P. (1996). *Resistance: Moving beyond the barriers of change*. Plano, TX: Pritchett and Associates.

Senge, P. M. (1990). *The fifth discipline: The art and practice of the learning organization*. New York: Doubleday.

Shedd, J. P., & Bacharach, S. B. (1991). *Tangled hierarchies: Teachers as professionals and the management of schools*. San Francisco: Jossey-Bass.

Stiggins, R. (2005). *From formative assessment to assessment FOR learning: A path to success in standards-based schools*. Phi Delta Kappan, 87(4), 324-328.

Tomlinson, C. A. (1995). *How to differentiate instruction in mixed-ability classrooms*. Alexandria, VA: Association for Supervision and Curriculum Development.

옮긴이 소개

박승열

1972년 전남 목포에서 태어났다. 광주교육대학교를 졸업하고 한국교원대 대학원에서 교육과정 전공으로 박사학위를 받았다. 현재 용인 서원초등학교 교사로 재직하고 있으며, 학교 교육에서의 교육과정 이론과 실천에 관심이 많다. 교육부와 교육청의 교육과정 개발과 다수의 정책연구에도 참여했다.

저서로 『교사를 세우는 교육과정』(2016), 주요 논문으로 「교육과정 실행 연구에서의 교사 변인 논의의 가능성과 한계」(2009), 「학교 교육과정에 드러난 초등교사의 정서」(2013), 「교사 학습공동체에서의 숙의가 학교 교육과정 개발에 주는 함의」(2015) 등이 있다.

이병희

청주교육대학교를 졸업하고 한국교원대학교 대학원에서 교육심리 전공으로 박사학위를 받았다. 시흥 연성초등학교 교사를 거쳐 현재는 경기도교육청 민주시민교육과 평화교육담당 장학사로 근무하고 있다. 2008년부터 2014년까지 한국교원대학교, 인천대학교, 아주대학교 학부 및 대학원에서 교육심리학, 교육통계, 창의적 문제발견 및 해결 등을 강의했으며 교육부, 한국문화예술교육진흥원, 경기도교육연구원의 다수 정책 연구에 참여했다.

주요 논문으로 「역동적 평가가 학업 자기효능감 향상에 미치는 영향」, 「창의적 행동 발현의 구조모형 타당화 연구」, 「사고 도구 중심 창의성 프로그램의 효과 연구」, 「학년 초기 초등학생의 자아탄력성과 학교적응의 관계에서 교사신뢰의 매개효과 연구」 등이 있으며, 지금은 "통섭(統攝, consilience)을 기반으로 한 수업·평가", "회복적생활교육", "평화로운 학급공동체"에 관심을 갖고 책을 읽고 있다.

정재엽

한국교원대 초등교육과를 졸업하고 한국교원대 대학원에서 교육공학 전공으로 박사학위를 받았다. North Texas 대학에서 교실 시뮬레이션을 연구하였고, Boise 주립대학에서 교육용 게임 설계와 개발에 참여하였다. 현재 화성 정림초등학교 교사로 재직하고 있으며, 미래 학교 교육의 변화와 교사 전문성 향상에 관심이 많다.

저서로『신(新)교육학개론』(2012),『교육방법 및 교육공학』(2011),『교수·학습매체의 제작』(2009),『교육매체제작의 이론과 실제』(2006), 주요 논문으로는「What makes teachers use technology in the classroom? Exploring the factors affecting facilitation of technology with a Korean sample」(2008) 등이 있다.

강운학

진주교육대학교를 졸업하고 한국교원대학교 대학원에서 초등컴퓨터교육 전공으로 석사학위를 받았다. 교사 재직 시 스마트러닝과 로봇 교육에 관심이 많아 교실에서 어떻게 실현할 것인가 고민했다. 현재는 경기도교육청 교원정책과 교원정책기획담당 장학사로 근무하고 있으며 혁신교육과 학교문화, 교사 전문성에 관심을 가지고 학교 현장에서의 실천을 고민하고 있다.

삶의 행복을 꿈꾸는 교육은 어디에서 오는가?

● **교육혁명을 앞당기는 배움책 이야기** 혁신교육의 철학과 잉걸진 미래를 만나다!

● 비고츠키 선집 시리즈 발달과 협력의 교육학 어떻게 읽을 것인가?

생각과 말
레프 세묘노비치 비고츠키 지음
배희철·김용호·D. 켈로그 옮김 | 690쪽 | 값 33,000원

도구와 기호
비고츠키·루리야 지음 | 비고츠키 연구회 옮김
336쪽 | 값 16,000원

어린이 자기행동숙달의 역사와 발달 I
L.S. 비고츠키 지음 | 비고츠키 연구회 옮김
564쪽 | 값 28,000원

어린이 자기행동숙달의 역사와 발달 II
L.S. 비고츠키 지음 | 비고츠키 연구회 옮김
552쪽 | 값 28,000원

어린이의 상상과 창조
L.S. 비고츠키 지음 | 비고츠키 연구회 옮김
280쪽 | 값 15,000원

비고츠키와 인지 발달의 비밀
A.R. 루리야 지음 | 배희철 옮김 | 280쪽 | 값 15,000원

수업과 수업 사이
비고츠키 연구회 지음 | 196쪽 | 값 12,000원

비고츠키의 발달교육이란 무엇인가?
비고츠키교육학실천연구모임 지음 | 412쪽 | 값 21,000원

비고츠키 철학으로 본 핀란드 교육과정
배희철 지음 | 456쪽 | 값 23,000원

성장과 분화
L.S. 비고츠키 지음 | 비고츠키 연구회 옮김
308쪽 | 값 15,000원

연령과 위기
L.S. 비고츠키 지음 | 비고츠키 연구회 옮김
336쪽 | 값 17,000원

의식과 숙달
L.S 비고츠키 | 비고츠키 연구회 옮김
348쪽 | 값 17,000원

분열과 사랑
L.S. 비고츠키 지음 | 비고츠키 연구회 옮김
260쪽 | 값 16,000원

성애와 갈등
L.S. 비고츠키 지음 | 비고츠키 연구회 옮김
268쪽 | 값 17,000원

흥미와 개념
L.S. 비고츠키 지음 | 비고츠키 연구회 옮김
408쪽 | 값 21,000원

관계의 교육학, 비고츠키
진보교육연구소 비고츠키교육학실천연구모임 지음
300쪽 | 값 15,000원

비고츠키 생각과 말 쉽게 읽기
진보교육연구소 비고츠키교육학실천연구모임 지음
316쪽 | 값 15,000원

교사와 부모를 위한 비고츠키 교육학
카르포프 지음 | 실천교사번역팀 옮김
308쪽 | 값 15,000원

혁신교육, 철학을 만나다
브렌트 데이비스·데니스 수마라 지음
현인철·서용선 옮김 | 304쪽 | 값 15,000원

혁신교육 존 듀이에게 묻다
서용선 지음 | 292쪽 | 값 14,000원

다시 읽는 조선 교육사
이만규 지음 | 750쪽 | 값 33,000원

대한민국 교육혁명
교육혁명공동행동 연구위원회 지음
224쪽 | 값 12,000원

경쟁을 넘어 발달 교육으로
현광일 지음 | 288쪽 | 값 14,000원

독일 교육, 왜 강한가?
박성희 지음 | 324쪽 | 값 15,000원

핀란드 교육의 기적
한넬레 니에미 외 엮음 | 장수명 외 옮김
456쪽 | 값 23,000원

한국 교육의 현실과 전망
심성보 지음 | 724쪽 | 값 35,000원

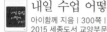

프레이리의 사상과 실천
사람대사람 지음 | 352쪽 | 값 18,000원
2018 세종도서 학술부문

혁신학교, 한국 교육의 미래를 열다
송순재 외 지음 | 608쪽 | 값 30,000원

페다고지를 위하여
프레네의 『페다고지 불변요소』 읽기
박찬영 지음 | 296쪽 | 값 15,000원

노자와 탈현대 문명
홍승표 지음 | 284쪽 | 값 15,000원

선생님, 민주시민교육이 뭐예요?
염경미 지음 | 244쪽 | 값 15,000원

어쩌다 혁신학교
유우석 외 지음 | 380쪽 | 값 17,000원

미래, 교육을 묻다
정광필 지음 | 232쪽 | 값 15,000원

대학, 협동조합으로 교육하라
박주희 외 지음 | 252쪽 | 값 15,000원

입시, 어떻게 바꿀 것인가?
노기원 지음 | 306쪽 | 값 15,000원

촛불시대, 혁신교육을 말하다
이용관 지음 | 240쪽 | 값 15,000원

라운드 스터디
이시이 데루마사 외 엮음 | 224쪽 | 값 15,000원

미래교육을 디자인하는 **학교교육과정**
박승열 외 지음 | 348쪽 | 값 18,000원

흥미진진한 아일랜드 전환학년 이야기
제리 제퍼스 지음 | 최상덕·김호원 옮김 | 508쪽 | 값 27,000원
2019 대한민국학술원우수학술도서

폭력 교실에 맞서는 용기
따돌림사회연구모임 학급운영팀 지음
272쪽 | 값 15,000원

그래도 혁신학교
박은혜 외 지음 | 248쪽 | 값 15,000원

학교는 어떤 공동체인가?
성열관 외 지음 | 228쪽 | 값 15,000원

교사 전쟁
다나 골드스타인 지음 | 유성상 외 옮김
468쪽 | 값 23,000원

시민, 학교에 가다
최형규 지음 | 260쪽 | 값 15,000원

교육과정, 수업, 평가의 일체화
리사 카터 지음 | 박승열 외 옮김 | 196쪽 | 값 13,000원

학교를 개선하는 교장
지속가능한 학교 혁신을 위한 실천 전략
마이클 풀란 지음 | 서동연·정효준 옮김 | 216쪽 | 값 13,000원

공자뎐, 논어는 이것이다
유문상 지음 | 392쪽 | 값 18,000원

교사와 부모를 위한
발달교육이란 무엇인가?
현광일 지음 | 380쪽 | 값 18,000원

교사, 이오덕에게 길을 묻다
이무완 지음 | 328쪽 | 값 15,000원

낙오자 없는 스웨덴 교육
레이프 스트란드베리 지음 | 변광수 옮김
208쪽 | 값 13,000원

끝나지 않은 마지막 수업
장석웅 지음 | 328쪽 | 값 20,000원

경기꿈의학교
진흥섭 외 지음 | 360쪽 | 값 17,000원

학교를 말한다
이성우 지음 | 292쪽 | 값 15,000원

행복도시 세종,
혁신교육으로 디자인하다
곽순일 외 지음 | 392쪽 | 값 18,000원

나는 거꾸로 교실 거꾸로 교사
류광모·임정훈 지음 | 212쪽 | 값 13,000원

교실 속으로 간 **이해중심 교육과정**
온정덕 외 지음 | 224쪽 | 값 13,000원

교실, 평화를 말하다
따돌림사회연구모임 초등우정팀 지음
268쪽 | 값 15,000원

학교자율운영 2.0
김용 지음 | 240쪽 | 값 15,000원

학교자치를 부탁해
유우석 외 지음 | 252쪽 | 값 15,000원

국제이해교육 페다고지
강순원 외 지음 | 256쪽 | 값 15,000원

선생님, 페미니즘이 뭐예요?
염경미 지음 | 280쪽 | 값 15,000원

평화의 교육과정 섬김의 리더십
이준원·이형빈 지음 | 292쪽 | 값 16,000원

학교를 살리는 회복적 생활교육
김민자·이순영·정선영 지음 | 256쪽 | 값 15,000원

 수포자의 시대
김성수·이형빈 지음 | 252쪽 | 값 15,000원

 교사를 위한 교육학 강의
이형빈 지음 | 336쪽 | 값 17,000원

 혁신학교와 실천적 교육과정
신은희 지음 | 236쪽 | 값 15,000원

 새로운학교 학생을 날게 하다
새로운학교네트워크 총서 02 | 408쪽 | 값 20,000원

 삶의 시간을 잇는 문화예술교육
고영직 지음 | 292쪽 | 값 16,000원

 세월호가 묻고 교육이 답하다
경기도교육연구원 지음 | 214쪽 | 값 13,000원

 혐오, 교실에 들어오다
이혜정 외 지음 | 232쪽 | 값 15,000원

 미래교육, 어떻게 만들어갈 것인가?
송기상·김성천 지음 | 300쪽 | 값 16,000원
2019 세종도서 교양부문

 혁신교육지구와 마을교육공동체는 어떻게 만들어지는가?
김태정 지음 | 376쪽 | 값 18,000원

 교육에 대한 오해
우문영 지음 | 224쪽 | 값 15,000원

 선생님, 특성화고 자기소개서 어떻게 써요?
이지영 지음 | 322쪽 | 값 17,000원

 혁신교육지구 현장을 가다
이용운 외 4인 지음 | 344쪽 | 값 18,000원

 학생과 교사, 수업을 묻다
전용진 지음 | 344쪽 | 값 18,000원

 배움의 독립선언, 평생학습
정민승 지음 | 240쪽 | 값 15,000원

 혁신학교의 꽃, 교육과정 다시 그리기
안재일 지음 | 344쪽 | 값 18,000원

 교육혁신의 시대 배움의 공간을 상상하다
함영기 외 지음 | 264쪽 | 값 17,000원

 학습격차 해소를 위한 새로운 도전
보편적 학습설계 수업
조윤정 외 지음 | 225쪽 | 값 15,000원

 서울의 마을교육
이용운 외 지음 | 352쪽 | 값 18,000원

 물질과의 새로운 만남
베로니차 파치니-케처바우 지음 | 240쪽 | 값 15,000원

 평화와 인성을 키우는 자기우정
따돌림사회연구모임 우정팀 지음 | 240쪽 | 값 15,000원

 미래교육을 열어가는 배움중심 원격수업
이윤서 외 지음 | 332쪽 | 값 17,000원

● **살림터 참교육 문예 시리즈** 영혼이 있는 삶을 가르치는 온 선생님을 만나다!

 꽃보다 귀한 우리 아이는
조재도 지음 | 244쪽 | 값 12,000원

 선생님이 먼저 때렸는데요
강병철 지음 | 248쪽 | 값 12,000원

 성깔 있는 나무들
최은숙 지음 | 244쪽 | 값 12,000원

 서울 여자, 시골 선생님 되다
조경선 지음 | 252쪽 | 값 12,000원

 아이들에게 세상을 배웠네
명혜정 지음 | 240쪽 | 값 12,000원

 행복한 창의 교육
최창의 지음 | 328쪽 | 값 15,000원

 밥상에서 세상으로
김흥숙 지음 | 280쪽 | 값 13,000원

 북유럽 교육 기행
정애경 외 14인 지음 | 288쪽 | 값 14,000원

 우물쭈물하다 끝난 교사 이야기
유기창 지음 | 380쪽 | 값 17,000원

 시험 시간에 웃은 건 처음이에요
조규선 지음 | 252쪽 | 값 15,000원

 오천년을 사는 여지
염경미 지음 | 272쪽 | 값 16,000원

 다정한 교실에서 20,000시간
강정희 지음 | 296쪽 | 값 16,000원

● 교과서 밖에서 만나는 역사 교실 상식이 통하는 살아 있는 역사를 만나다

전봉준과 동학농민혁명
조광환 지음 | 336쪽 | 값 15,000원

남도의 기억을 걷다
노성태 지음 | 344쪽 | 값 14,000원

응답하라 한국사 1·2
김은석 지음 | 356쪽·368쪽 | 각권 값 15,000원

즐거운 국사수업 32강
김남선 지음 | 280쪽 | 값 11,000원

즐거운 세계사 수업
김은석 지음 | 328쪽 | 값 13,000원

강화도의 기억을 걷다
최보길 지음 | 276쪽 | 값 14,000원

광주의 기억을 걷다
노성태 지음 | 348쪽 | 값 15,000원

선생님도 궁금해하는
한국사의 비밀 20가지
김은석 지음 | 312쪽 | 값 15,000원

걸림돌
키르스텐 세룹-빌펠트 지음 | 문봉애 옮김
248쪽 | 값 13,000원

역사수업을 부탁해
열 사람의 한 걸음 지음 | 388쪽 | 값 18,000원

진실과 거짓, 인물 한국사
하성환 지음 | 400쪽 | 값 18,000원

우리 역사에서 사라진
근현대 인물 한국사
하성환 지음 | 296쪽 | 값 18,000원

꼬물꼬물 거꾸로 역사수업
역모자들 지음 | 436쪽 | 값 23,000원

즐거운 동아시아사 수업
김은석 지음 | 240쪽 | 값 15,000원

노성태, 역사의 길을 걷다
노성태 지음 | 324쪽 | 값 17,000원

교과서 밖에서 배우는 역사 공부
정은교 지음 | 292쪽 | 값 14,000원

팔만대장경도 모르면 빨래판이다
전병철 지음 | 360쪽 | 값 16,000원

빨래판도 잘 보면 팔만대장경이다
전병철 지음 | 360쪽 | 값 16,000원

영화는 역사다
강성률 지음 | 288쪽 | 값 13,000원

친일 영화의 해부학
강성률 지음 | 264쪽 | 값 15,000원

한국 고대사의 비밀
김은석 지음 | 304쪽 | 값 13,000원

조선족 근현대 교육사
정미량 지음 | 320쪽 | 값 15,000원

다시 읽는 조선근대 교육의 사상과 운동
윤건차 지음 | 이명실·심성보 옮김 | 516쪽 | 값 25,000원

음악과 함께 떠나는 세계의 혁명 이야기
조광환 지음 | 292쪽 | 값 15,000원

논쟁으로 보는 일본 근대 교육의 역사
이명실 지음 | 324쪽 | 값 17,000원

다시, 독립의 기억을 걷다
노성태 지음 | 320쪽 | 값 16,000원

한국사 리뷰
김은석 지음 | 244쪽 | 값 15,000원

경남의 기억을 걷다
류형진 외 지음 | 564쪽 | 값 28,000원

어제와 오늘이 만나는 교실
학생과 교사의 역사수업 에세이
정진경 외 지음 | 328쪽 | 값 17,000원

● 더불어 사는 정의로운 세상을 여는 인문사회과학 사람의 존엄과 평등의 가치를 배운다

밥상혁명
강양구·강이현 지음 | 298쪽 | 값 13,800원

좌우지간 인권이다
안경환 지음 | 288쪽 | 값 13,000원

도덕 교과서 무엇이 문제인가?
김대용 지음 | 272쪽 | 값 14,000원

민주시민교육
심성보 지음 | 544쪽 | 값 25,000원

자율주의와 진보교육
조엘 스프링 지음 | 심성보 옮김 | 320쪽 | 값 15,000원

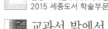
민주시민을 위한 도덕교육
심성보 지음 | 500쪽 | 값 25,000원
2015 세종도서 학술부문

민주화 이후의 공동체 교육
심성보 지음 | 392쪽 | 값 15,000원
2009 문화체육관광부 우수학술도서

교과서 밖에서 배우는 인문학 공부
정은교 지음 | 280쪽 | 값 13,000원

갈등을 넘어 협력 사회로
이창언·오수길·유문종·신윤관 지음
280쪽 | 값 15,000원

오래된 미래교육
정재걸 지음 | 392쪽 | 값 18,000원

동양사상과 마음교육
정재걸 외 지음 | 356쪽 | 값 16,000원
2015 세종도서 학술부문

대한민국 의료혁명
전국보건의료산업노동조합 엮음 | 548쪽 | 값 25,000원

교과서 밖에서 배우는 철학 공부
정은교 지음 | 280쪽 | 값 14,000원

교과서 밖에서 배우는 고전 공부
정은교 지음 | 288쪽 | 값 14,000원

교과서 밖에서 배우는 사회 공부
정은교 지음 | 304쪽 | 값 15,000원

전체 안의 전체 사고 속의 사고
김우창의 인문학을 읽다
현광일 지음 | 320쪽 | 값 15,000원

교과서 밖에서 배우는 윤리 공부
정은교 지음 | 292쪽 | 값 15,000원

카스트로, 종교를 말하다
피델 카스트로·프레이 베토 대담 | 조세종 옮김
420쪽 | 값 21,000원

한글 혁명
김슬옹 지음 | 388쪽 | 값 18,000원

일제강점기 한국철학
이태우 지음 | 448쪽 | 값 25,000원

우리 안의 미래교육
정재걸 지음 | 484쪽 | 값 25,000원

한국 교육 제4의 길을 찾다
이길상 지음 | 400쪽 | 값 21,000원
2019 세종도서 학술부문

왜 그는 한국으로 돌아왔는가?
황선준 지음 | 364쪽 | 값 17,000원
2019 세종도서 교양부문

마을교육공동체 생태적 의미와 실천
김용련 지음 | 256쪽 | 값 15,000원

공간, 문화, 정치의 생태학
현광일 지음 | 232쪽 | 값 15,000원

교육과정에서 왜 지식이 중요한가
심성보 지음 | 440쪽 | 값 23,000원

인공지능 시대의 사회학적 상상력
홍승표 지음 | 260쪽 | 값 15,000원

식물에게서 교육을 배우다
이차영 지음 | 260쪽 | 값 15,000원

동양사상과 인간 그리고 사회
이현지 지음 | 418쪽 | 값 21,000원

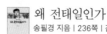
왜 전태일인가
송필경 지음 | 236쪽 | 값 17,000원

장자와 탈현대
정재걸 외 지음 | 424쪽 | 값 21,000원

한국 세계시민교육이 나아갈 길을 묻다
유네스코태평양 국제이해교육원 지음 | 260쪽 | 값 18,000원

놀자선생의 놀이인문학
진용근 지음 | 380쪽 | 값 185,000원

● 평화샘 프로젝트 매뉴얼 시리즈 학교폭력에 대한 근본적인 예방과 대책을 찾는다

 학교폭력 어떻게 만들어지는가
문재현 외 지음 | 300쪽 | 값 14,000원

 아이들을 살리는 동네
문재현·신동명·김수동 지음 | 204쪽 | 값 10,000원

 학교폭력, 멈춰!
문재현 외 지음 | 348쪽 | 값 15,000원

 평화! 행복한 학교의 시작
문재현 외 지음 | 252쪽 | 값 12,000원

 왕따, 이렇게 해결할 수 있다
문재현 외 지음 | 236쪽 | 값 12,000원

 마을에 배움의 길이 있다
문재현 지음 | 208쪽 | 값 10,000원

 젊은 부모를 위한 백만 년의 육아 슬기
문재현 지음 | 248쪽 | 값 13,000원

 별자리, 인류의 이야기 주머니
문재현·문한뫼 지음 | 444쪽 | 값 20,000원

 우리는 마을에 산다
유양우·신동명·김수동·문재현 지음
312쪽 | 값 15,000원

 동생아, 우리 뭐 하고 놀까?
문재현 외 지음 | 280쪽 | 값 15,000원

 누가, 학교폭력 해결을 가로막는가?
문재현 외 지음 | 312쪽 | 값 15,000원

 코로나 19가 앞당긴 미래, 마을에서 찾는 배움길
문재현 외 지음 | 308쪽 | 값 16,000원

● 남북이 하나 되는 두물머리 평화교육 분단 극복을 위한 치열한 배움과 실천을 만나다

 10년 후 통일
정동영·지승호 지음 | 328쪽 | 값 15,000원

 선생님, 통일이 뭐예요?
정경호 지음 | 252쪽 | 값 13,000원

 분단시대의 통일교육
성래운 지음 | 428쪽 | 값 18,000원

 김창환 교수의 DMZ 지리 이야기
김창환 지음 | 264쪽 | 값 15,000원

 한반도 평화교육 어떻게 할 것인가
이기범 외 지음 | 252쪽 | 값 15,000원

 포괄적 평화교육
베티 리어든 지음 | 강순원 옮김 | 252쪽 | 값 17,000원

● 창의적인 협력 수업을 지향하는 삶이 있는 국어 교실 우리말 글을 배우며 세상을 배운다

 중학교 국어 수업 어떻게 할 것인가?
김미경 지음 | 340쪽 | 값 15,000원

 토론의 숲에서 나를 만나다
명혜정 엮음 | 312쪽 | 값 15,000원

 토닥토닥 토론해요
명혜정·이명선·조선미 엮음 | 288쪽 | 값 15,000원

 인문학의 숲을 거니는 토론 수업
순천국어교사모임 엮음 | 308쪽 | 값 15,000원

 어린이와 시
오인태 지음 | 192쪽 | 값 12,000원

 수업, 슬로리딩과 함께
박경숙 외 지음 | 268쪽 | 값 15,000원

 언어던
정은균 지음 | 268쪽 | 값 15,000원
2019 세종도서 교양부문

 민촌 이기영 평전
이성렬 지음 | 508쪽 | 값 20,000원

 감각의 갱신, 화장하는 인민
남북문학예술연구회 | 380쪽 | 값 19,000원

참된 삶과 교육에 관한
생각 줍기